技術が市場につながる

開発者
のための
マーケティング

日本能率協会コンサルティング

池田裕一

同文舘出版

ⅰⅰ⬚ はじめに

　本書は、
・企業や組織で、新技術、新製品、新事業のテーマ提案を求められ
　ている開発者
・自身の研究開発テーマの市場性、事業性の説明を求められている
　研究者
・会社の新事業プロジェクトに参画が決まっている、または参画し
　ている技術系の方
・大学や研究機関で研究開発成果を事業化しようとしている方
・テック系スタートアップで技術をベースにさらに事業拡大を考え
　ている起業家
　といった方々に対して、自身の技術や自社の技術をどのように
テーマ化し、社内外に提案していけばよいかを解説する実務書であ
る。

　技術に基づく製品・事業を、会社や組織、あるいはスポンサーに
理解してもらいGOサインを出してもらうには、テーマ化のための
企画力が不可欠である。しかし、技術開発の企画はできても、新製
品や新事業のテーマ企画は未経験という開発者は多い。学生時代、
そして入社後に、そうした授業や研修を受ける機会はほとんどない
からだ。
　そんな皆さんに、経営層や上司、スポンサーから「もっとわかる
ように説明してくれ」「結局、何がしたいんだ」「それでお客様は喜

ぶのか」といった冷ややかなコメントが浴びせられる。

　結果、提案は通らない。こんなジレンマを経験したことはないだろうか。「社内説得」という大きな課題が立ちはだかるわけだが、組織の中で新製品・新事業の提案を通そうとするからには、企画力を身につけることは必須になる。

　また、企業における研究開発は、ビジネスにつながらないと価値を認めてもらえない。自身の研究テーマがどのように会社の事業に寄与するか？　こうした場面でも、技術に基づく新製品・新事業の企画力が求められる。

　企画力とは何か。
　それは、自ら発案し説得力のある案にまとめる力である。説得力をつけるには、思い込みや熱意だけではなく、自らマーケットの情報を集め、情報を読み解き、自身の技術と適合させて製品・事業として構想する、つまりマーケティングのスキルがなくてはならない。しかし、開発者の皆さんの中にはマーケティングになじみがないという人も多い。

　そこでマーケティングを学ぼうと書店に向かうと、関連書籍が数多く出版されている。対象読者はマーケッター？　営業担当者？　商品企画担当者？　たくさんありすぎてわからない。こうしたときに、開発者のあなたにまず手に取っていただきたいのが本書である。
　一般的なマーケティングと、開発者が身につけるべきマーケティングがまったく異なるわけではない。共通の要件はたくさんある。ただ、開発者がマーケティングに取り組むのであれば、まずは新製

品・新事業をテーマ化するまでの企画力を身につけて欲しい。本書はそこにポイントを絞っている。

一方、企業は絶えず新製品・新事業を生み出し、売上を上げていかないと成長しない。日本のモノづくり企業の多くは、社内に開発部門を持ち、かつては社内の技術開発に基づく事業開発で発展してきた。しかし、グローバル競争が激化し、非連続な環境変化にさらされている今となっては、社内の開発部門に期待するより、M&Aやオープンイノベーションなど、外部資源を調達してスピーディに事業開発を行う方法がスタンダードになりつつある。

経営者からは「ここ数十年、うちのR&D部門からヒット商品が出ていない」という話を耳にする。経営者にしてみれば、いつヒット商品が出るかあてにならない開発部門に投資するより、市場と技術が確実に獲得できるM&Aに投資するほうが現実的であり、ステークホルダーへの説明もしやすい。

今や開発部門の地位がどんどん下がってきている。そうなると開発者の職場が減り、開発者の採用も減ってしまい、開発者にとっては死活問題に発展しかねない。

こうした事態を打開するには、開発者自らが新製品や新事業を企画できるマーケティング能力を身につけ、新製品・新事業を組織に提案していかなければならない。社内外にとって魅力ある開発部門になることで、経営層や事業部門から期待される存在にならなければならない。

もちろん、こうした取り組みを過去から進めている企業は多くあるが、とりわけBtoB企業の場合は、特定顧客からの依頼で製品・事業を作ってきた経緯から、受け身・待ちの体質になっている。

しかし、これからは待っていても仕事は来ない。自ら情報を集め、テーマを企画し、社内外に提案していかないことには生き残れない。
　今やマーケティングの能力を身につけることは、開発者にとって必須であり急務である。

　本書の出版にあたっては、同文舘出版の竹並治子氏と何度もディスカッションを重ね、編集に取り組んでいただいた。この場を借りてお礼申し上げたい。

　本書が読者諸賢の新たな取り組みの一助になれば幸いである。

『技術が市場につながる　開発者のためのマーケティング』
目　次

カバーデザイン　喜來詩織（エントツ）
本文デザイン・DTP　株式会社RUHIA

1章

開発者に求められる
マーケティングとは

　技術とは、何らかの問題を解決する手段である。技術をどう使うのか
を考えるのではなく、どういった目的や必要性のときに、自分たちの技
術が選ばれるのかを考えなければならない。

　マーケティングの基本は、どうすれば顧客に選んでもらえるかを徹底
的に考えることである。開発者にとって「技術のマーケティング」が求
められている。

Contents

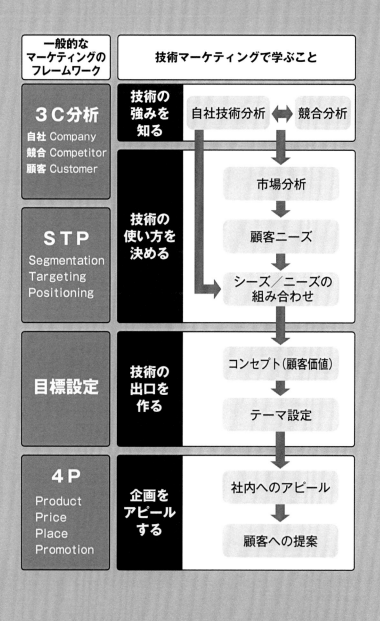

一般的な マーケティングの フレームワーク	技術マーケティングで学ぶこと		
３Ｃ分析 **自社** Company **競合** Competitor **顧客** Customer	技術の 強みを 知る	自社技術分析 ⟷ 競合分析	
ＳＴＰ Segmentation Targeting Positioning	技術の 使い方を 決める	市場分析 ↓ 顧客ニーズ ↓ シーズ／ニーズの 組み合わせ	
目標設定	技術の 出口を 作る	コンセプト（顧客価値） ↓ テーマ設定	
４Ｐ Product Price Place Promotion	企画を アピール する	社内へのアピール ↓ 顧客への提案	

1 マーケティング不在の失敗例

　自社または自身の技術で、新製品・新サービス・新事業ができないか？　企業各社や起業家にとって重要な課題である。

　ところが、「技術で何かできないか？」と思っても、なかなかうまくいかない。

　とりわけ、既存の製品に使われている技術の新しい用途を探そうとしても、使い道が見つからない。一見使えそうでも、「帯に短しタスキに長し」でピッタリ合わない。後発参入の場合、すでに他社製品が存在していて、入る余地がなかったりする。

　うまくいかない要因は何か？

　想定される顧客の求めるものがわからず、有効な提案ができていない。つまり情報がないために発想が出ない。「うちの技術を何かに使ってもらえませんか？」では、顧客は話を聞いてくれない。

　次のような話に、聞き覚えはないだろうか。

自動車部品メーカー A 社

　A社は自社工場で検査工程に使われている検査機器を外販できないかと考えた。その検査機器は、自社製品の品質を管理する目的で、A社の開発部門が設計・開発した製品であった。というのは、A社

の顧客である自動車メーカーは品質管理の水準が高く、市販の検査機器では間に合わなかった。そこで顧客の要求に応じて高性能にカスタマイズしたのである。

A社の開発部門で「こんなに性能が高い製品なら、買ってくれる客は多いのでは？」という話になり、カタログを作って展示会で発表した。しかし引き合いにはつながらなかった。理由を調べてみると、「そこまでの性能はいらないから、値段を半分以下にしてほしい」「自社の製品とは検査項目が違うので適合しない」「世の中に同じような製品がすでにある」といった声であった。

📊 食品メーカー B 社

B社の研究所は、自社の加工食品の原料である農産物から、健康維持に効果のある有効成分の抽出に成功した。B社ではこの有効成分を活用した新商品を開発すべく、プロジェクトチームを立ち上げた。プロジェクトチームは大学を訪問し、有効成分の効果について技術的なデータを取るために大学と共同研究を始めることにした。また知財部に入ってもらい、特許取得の可能性を検討した。

共同研究の成果をまとめ、基本特許を取得したところで、このテーマを経営層に提案したが、却下されてしまった。経営者曰く、「誰が買うんだ、お客様は誰か」。研究者は答えられなかった。

📊 車両部品メーカー C 社

C社の既存事業は短期的には業績がいいものの、中長期的に見るとその部品が使われなくなるおそれがあった。そこで開発部長の号

令のもと、開発部門から中堅社員が選抜され、新製品開発委員会が発足した。委員会メンバーの社員は、既存業務を抱えながらの兼務であるため、業務に支障をきたさない範囲ということで毎月1回、1時間集まって議論することとした。持ち回りで各自のアイデアを披露し、そのアイデアで盛り上がって1時間は過ぎる。こうして1年間、アイデア披露が繰り返された結果、具体的な開発テーマは何も出ず、既存業務が忙しくなると新製品開発委員会は開催されなくなった。

📊 機械部品メーカー D 社

D社の開発部で、「これからは介護が成長分野、介護市場で何か新事業を考えよう」という話になった。これまでは営業部からの依頼による受身開発ばかりだったので、開発部として独自商品を出して社内に存在価値をアピールしたいという狙いがあった。

車いすのアイデアが持ち上がり、とりあえず試作品を作ろうという話になった。試作品ができ上がり、市内企業が集まる催しに出展した。ところが、来場者の反応は鈍かった。「形がいまいち」「乗っていて危なそう」などネガティブな意見が多かった。

また、部品メーカーであるD社は特定の完成品メーカーとしか営業ルートがなく、介護市場へのチャネルは皆無であった。役員会で検討した結果、D社の車いす開発は中止となった。

以上は、マーケティングの考え方や実践経験がないことによる、新製品や新事業開発の失敗例である。

顧客が求めることを知り、技術で事業を作っていくには、マーケティングの知識とスキルが不可欠である。**マーケティングとは、顧客が求めることを明らかにし、販売に結びつけていくことである。**マーケティングの知識やスキルを身につけることで、自身の技術の活用先、技術を活用した新製品・サービスが見つけやすくなる。

　次節で、まずマーケティングの一般的なフレームワークを紹介する。そのうえで、技術を活かしたマーケティングをどのように捉えればいいかを明らかにする。

2

マーケティングの一般的フレームワークの理解

📊 マーケティングの目的と基本的考え方

　マーケティングとは、作ったものをいかに売るかではなく、顧客の欲しいものをいかに作り、届けるかである。そのためには、顧客は「何が欲しいのか」「なぜ欲しいのか」を明らかにし、「なぜ他社が選ばれているのか」を知らなければならない。

　マーケティングというと、市場調査や販売促進を想起する人もいるかもしれない。もちろんそれらもマーケティングの要素の1つであるが、それらはいわば狭義のマーケティングである。

　本書で述べるマーケティングは、市場調査〜市場分析〜方向づけ〜商品企画〜販売促進の一連のマーケティング活動、つまり広義のマーケティングである。お客様に選んでいただける製品やサービスをどう作るかを検討するだけではなく、どう伝えるか、どうアピールするかまで検討しないとマーケティングとは言えない。

　マーケティングの基本は、**どうすれば顧客に選んでもらえるかを徹底的に考えること**である。ビジネスにおいては自社と他社、顧客が存在し、顧客は常に自社と他社を比較して選択行動をとっている。他社より自社を選んでもらえれば、自社の売上・利益となる。

　では、どうすれば選んでもらえるのか？　顧客の要望に合った製品・サービスを開発することは必須である。さらに選んでもらうに

16

は、顧客に製品・サービスを知ってもらい、理解してもらわなければならない。

　研究所や開発部門に所属している開発者にとっては、事業部門、営業部門は「社内顧客」と言える。自分たちの開発した製品・サービスを実際の顧客に説明して、売ってもらう必要がある。さらに、経営層に開発予算や開発人材をつけてもらわなければならない。スポンサーであり意思決定者である経営層も、「社内顧客」と言える。

　開発者は、そのような社内顧客に対しても自分たちの開発した製品・サービスを選んでもらえる行動をとる必要がある。

　社内顧客や実際の顧客に、技術を活用した製品・サービスを納得して選んでもらう、それを徹底的に考えて実践していくことが技術マーケティングである。

ᴵᴵᴵᴵ 3C、STP、4Pとは

　まず、マーケティングの基本的な流れを図1-1に示す。

　3Cとは、ビジネスで最低限登場する3者、自社（Company）、競合（Competitor）、顧客（Customer）の頭文字をとったもので、内部・外部の事業環境を分析するものである。顧客がいなければビジネスは成り立たないし、多くの場合、競合が存在する。自社の強みで顧客の課題解決を行い、競争優位を築くことが3Cを分析する狙いである。技術マーケティングは、自社の技術を活かした事業創造であり、技術を競争優位に置くものである。したがって、まずは他者との比較によって技術の強みを認識するところから出発する。

　STPとは、市場の細分化（Segmentation）、標的顧客・市場

図1-1　マーケティングの流れ

①環境分析

3C
分析
｛
自社 Company
顧客 Customer
競合 Competitor
｝
⟺
市場
動向

②基本方針

市場の細分化　Segmentation
標的顧客・市場　Targeting
商品の位置づけ　Positioning

③目標設定

売上
シェア
利益

**④マーケティング
・ミックス**

4P
｛
プロダクト　　Product
プライス　　　Price
プレイス　　　Place
プロモーション　Promotion
｝

⑤実施

アクション
評価・改善

（Targeting）、製品・サービスの位置づけ（Positioning）の頭文字をとったものでマーケティング活動の基本方針を決めるものである。対象市場を細分化し、どの市場に焦点を当てるか、焦点を当てた市場で自社はどのような立ち位置であるべきかを決めていく。

　技術マーケティングも同様に、市場や顧客ニーズを深く分析して、自社の技術が適合する市場・顧客をフォーカスすることで、技術の使い道を決める。

　STPを明確にした後、売上、シェア、利益といった目標設定のフェーズに移る。まずはターゲット市場における短期、中期、長期の目標を決める。技術マーケティングでは、新製品・新サービス・新事業に取り組んでいくので、厳密な数値目標は設定しにくい。技術を活用してどのような顧客価値（コンセプト）を創出していくかを明確にし、新製品・新サービス・新事業のテーマ設定を行うことで技術の出口を作る。

　4Pとは、商品（Product）、価格（Price）、売り場（Place）、宣伝・販売促進（Promotion）の頭文字をとったもので、マーケティング実践の柱となる4つの要素である。これらの要素をうまく組み合わせることで最大の成果を上げる。本書では、自社の技術によって顧客のニーズを満たす商品をどのように作っていくかというProductに焦点を当てる。そして商品の企画を社内および社外にどのようにアピールするかを、マーケティング実践の第一歩と位置づける。

　一般的なマーケティングと本書で示す技術マーケティングの関連性を図1-2に示す。

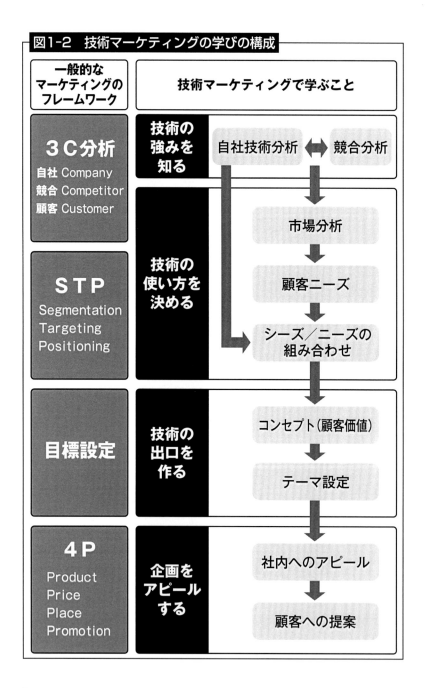

図1-2　技術マーケティングの学びの構成

一般的な マーケティングの フレームワーク	技術マーケティングで学ぶこと

3C分析
自社 Company
競合 Competitor
顧客 Customer

技術の
強みを
知る　　自社技術分析 ⬌ 競合分析

STP
Segmentation
Targeting
Positioning

技術の
使い方を
決める

市場分析

顧客ニーズ

シーズ／ニーズの
組み合わせ

目標設定

技術の
出口を
作る

コンセプト（顧客価値）

テーマ設定

4P
Product
Price
Place
Promotion

企画を
アピール
する

社内へのアピール

顧客への提案

3

開発者に求められる
マーケティング要素

📊 課題① 顧客価値不在の研究開発

　開発の現場を見てみると、市場分析や顧客ニーズの分析、それを踏まえたニーズとシーズの組み合わせがなされていなかったり、十分に検討し尽くされていないケースが相当多い。自社の技術に都合がいいニーズを勝手に想像して、テーマを設定してしまうのだ。結果はおわかりの通り、顧客ニーズ不在の商品ができてしまい、売れずに終わる。「独自の技術で市場を創出する」という掛け声のもと、技術リードで開発を進めてしまう弊害だ。よほど嘱望されている技術か、偶然のニーズの出会いがない限り、成功は難しい。

　マーケティングの知識や経験が乏しく、市場分析やニーズ把握をどのように進めていけばよいのかわからない開発者は多い。そういう人は適切なステップやプロセスを踏まず、自己流で開発を進めがちだ。結果、事業部門、営業部門、経営層の合意が得られず、開発テーマの進行の中断や、テーマの見直しを余儀なくされることになる。

📊 課題② 技術が理解してもらえない

　社内説得を行う際に、技術を理解してもらえないという事態が起こることがある。特に、営業部門や管理部門など、専門技術に詳しくない関係者を説得するときに起こりがちだ。これは伝える側に問

21

題がある。

　技術を技術のまま説明していないだろうか？　それでは技術の押し売りである。そうではなく、「どのような課題を解決したいのか？」「解決のためにはどのような製品・サービスが最適なのか？」「その製品・サービスにはどのような技術を使うべきなのか？」といった順番で話をしなければ、社内でも社外でも話を聞いてもらえない。

大切なのは技術シーズと顧客ニーズを絶えず変換できること

　4章のSN（シーズ／ニーズ）変換で詳しく述べるが、開発者の頭の中で、絶えず**技術シーズと顧客ニーズを変換できることが大切である**。「自社の技術で何かできないか」と考えるのは自然なことであるが、自社の技術で実現できる製品やサービスをいきなり思いつくことはないだろう。技術の棚卸表をじっと見ていても、新製品・サービスの発想は出ない。技術を技術のまま発想するのではなく、**その技術はどのようなニーズを実現できるか**を絶えず考えるのだ。

　図1-3は「技術シーズ」と「技術シーズが実現できるニーズ」をマトリックスで表したものである。1つのシーズで1つのニーズを実現するものもあれば、複数のシーズを組み合わせて1つのニーズを実現するものもある。

　この表を作っていくと、技術シーズはあってもニーズが出てこないということが起こる。こうした発想訓練をしていないためにすぐ

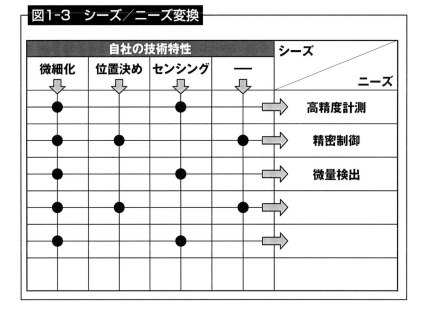

図1-3　シーズ／ニーズ変換

に出てこないというのならば訓練すればいいのだが、いくら考えて
も出てこない場合がある。これは、技術価値があっても市場価値が
ないということになる。技術的に優位性があっても、顧客にとって
うれしさがないということである。

　基盤技術のように、顧客に直接的なメリットがなくても製品の品
質安定やコストダウンになくてはならない技術もある。そのような
基盤技術は別として、技術的に競争優位性があってもニーズが出て
こない場合は、あらためて技術シーズを見直さなければならない。

　技術シーズと顧客ニーズは絶えず結びついているか？　**ニーズは
実現したいコトであり、シーズは実現するモノである。**マーケティ
ングで古くから使われている格言で「お客様はドリルが欲しいので
はない。穴を掘りたいのだ」という話がある。穴を掘りたいのがニー

ズであり、ドリルを構成するものがシーズである。

　開発者としては、事業部門、営業部門と会話するとき、顧客と会話するときに、このシーズとニーズの変換を頭に思い描いて、自身のシーズのメリットをニーズ側から説明しなければならない。

　次に、技術を活かしたマーケティング活動の事例を紹介する。

4 技術マーケティングの事例

　株式会社カナエは医薬品、化粧品、食品、医療機器、トイレタリーなどのメーカー向けに包装材料・包装加工・包装機械をトータルに提案している企業である。包装資材の仕入販売事業に加え、包装技術開発センターでは、顧客や取引先との共同開発を推進し、オリジナルパッケージの開発を行っている。

　顧客や取引先との関係をさらに強化し、新商品を持続的に開発する取り組みとして、同社の新パッケージ開発ワーキングを紹介する。

　ワーキングメンバーは、マーケティング部の課長がリーダーとなり、包装技術開発センターから2名、資材調達部門である業務部から3名、マーケティング部から3名の体制で、包装技術開発センター長がオブザーバーとして参画した。

　ワーキングは図1-4のようなスケジュールで、月2回の会合とその間に調査・分析・試作活動を行った。ワーキング活動の最初はニーズ把握である。そのために図1-5のようなニーズ調査票を、メンバーで意見を出し合い作成した。そして営業担当に顧客への訪問を依頼し、ワーキングメンバーも同行した。また、最近訪問した顧客に対しては営業担当に答えてもらうなどして情報収集を行った。さらに資材メーカーにもインタビューを実施することで、最新の材料技術の情報を入手した。

　そうした情報を踏まえ、顧客ニーズを起点とし、包装技術開発セ

図1-4

議題		宿題	
第1回	1. マーケティング部仮説の説明 2. ターゲット顧客（環境先進企業）の設定 3. ニーズ調査の方法と分担	ニーズ ヒアリング 調査	・将来の包材ニーズ ・必要とする機能
第2回	1. ニーズ分析 2. 重点取引先の設定 3. シーズ発掘の方法と分担	受容性 調査	・ニーズ適合性 ・潜在需要 ・課題、条件
第3回	1. 新商品のコンセプト立案 2. 受容性調査の方法と分担 3. 商品企画の進め方	取引先 情報調査	・ターゲット 　顧客ニーズ共有 ・ニーズ対応技術
第4回	1. 市場性の評価 2. ニーズ検証 3. プロセス指標の設定	企画	・スペック、価格 ・パテント ・ビジネスモデル
第5回	1. 開発計画の共有 2. 部門間連携課題の共有	実行計画 策定	・部門別施策、 　体制、スケジュール

図1-5

新パッケージ　開発ワーキング　調査票

■目的：市場ニーズから、会社として納得感のある次の骨太商品をつくる。
　　　　2～3年後の"将来ニーズ"を聞き出す。

■調査日：　　　　　　　　　　担当者：
■企業名：
■訪問部署：　　　　　　　　　■担当者様：

① 業界の事（雑談の入り口、化粧品や医薬品のトレンドを事前に勉強しておく）

② 開発方針（企業によってはHPに記載、勉強しておく）

③ 包装に対して何を求めているか、何を考えているか
　→環境？　コスト？　使いやすさ？　安定供給？　斬新さ？　設備投資は？　など

④ 新商品や既存品のリニューアルを検討しているか、検討したいか
　→どのような検討？（内容物や形態が決定している、何も決まっていないなど）
　→スケジュール感、先方での優先順位（コスト、包材選定、上市日、形態など）は？

⑤ 採用に当たっての前提条件の聞き取り（できれば）
　→環境に配慮した商品であることが必須、コスト、納期、ワールドワイドなど

ンターのコア技術であるパッケージ設計、試作・評価といった技術シーズでどのようなパッケージが実現できるかを検討し、新商品のコンセプトを立案した。そして化粧品の個包装で「キラキラ」をコンセプトに、非常に光沢のあるデザインを選定した。顧客である化粧品メーカーのニーズインタビューから、アジアの女性に受け入れられるデザインで、高級感を訴求したいといったニーズが得られたからである。

さらに生活者アンケートを実施した。カナエはBtoBの会社で、これまでニーズはパッケージを採用する企業から収集するのが常であり、Webを使ったアンケートははじめての経験であった。いわばBtoBtoCのマーケティングアプローチと言える。Webアンケートの自由回答から「キラキラ」というキーワードが複数登場し、ワーキングメンバーはこのコンセプトに確信を得るようになった。

コンセプトを決めたら、それを仮想カタログ（コンセプトをA4サイズ1枚のシートにまとめたもの）に整理して、あらためて化粧品メーカーにインタビューを実施した。このコンセプトが受け入れられるかどうか、受容性の調査である。インタビューの結果、おおむね商品の評価は好意的であった。

そして商品化が決定し「コスモパックシャイン」という名前で営業活動を開始した。

この商品のPRでは、試作品をパレット状に並べたサンプルブックを作成し、営業担当が顧客に見せて回ることにした。このサンプルブックを使うことによって「キラキラ」感がひと目で伝わり好評を得ている。

新パッケージ開発ワーキングでは、継続的に新商品を創出すべく、顧客ニーズと技術シーズの探索活動を続けている。

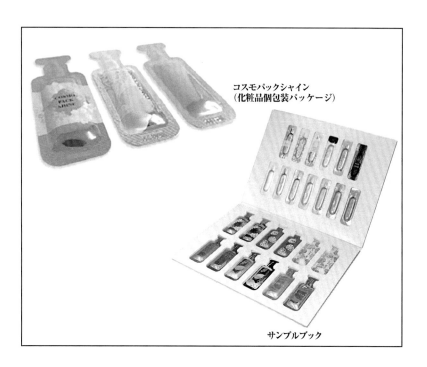

コスモパックシャイン
（化粧品個包装パッケージ）

サンプルブック

2章

技術マーケティングの15ステップ

技術マーケティングには、「技術の強みを知る」「技術の使い道を決める」「技術の出口を作る」「企画をアピールする」という4つの段階がある。この段階の中に15のステップがあり、このステップを経ることで製品化・事業化に結びつく。

Contents

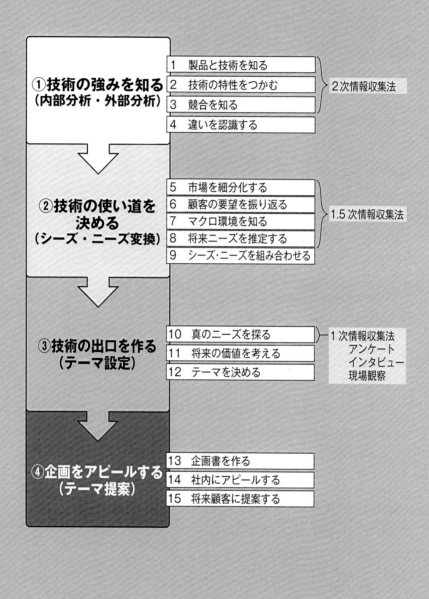

①技術の強みを知る
（内部分析・外部分析）

1　製品と技術を知る
2　技術の特性をつかむ
3　競合を知る
4　違いを認識する

2次情報収集法

②技術の使い道を決める
（シーズ・ニーズ変換）

5　市場を細分化する
6　顧客の要望を振り返る
7　マクロ環境を知る
8　将来ニーズを推定する
9　シーズ・ニーズを組み合わせる

1.5次情報収集法

③技術の出口を作る
（テーマ設定）

10　真のニーズを探る
11　将来の価値を考える
12　テーマを決める

1次情報収集法
アンケート
インタビュー
現場観察

④企画をアピールする
（テーマ提案）

13　企画書を作る
14　社内にアピールする
15　将来顧客に提案する

技術マーケティングの4段階・15ステップ

　新製品・新サービス・新事業のための技術マーケティングには図2-1に示すように4つの段階があり、段階ごとにステップがある。これらのステップを踏んで社内外の関係者や経営層に自身の製品化アイデアや事業化プランを説明し、納得感や共感を得ていく。

　関係者に説明するとき、プレゼンテーションでの印象づけはもちろん重要であるが、プレゼンの見た目だけにこだわり、パワーポイントや動画の表面的なテクニックに走っては本末転倒である。何より、中身が十分に分析・検討されていないプレゼンテーションは、聞く側にたやすく見抜かれてしまう。

　会社にとって、新しい製品・サービスや新事業はこれからの成長の柱であり、関係者や経営層は十分な情報と洞察に基づく提案を望んでいる。提案の中身、どのような段階を踏んで調査や分析を進めていけば効果的な提案ができるかをこれから解説していく。

　最初は「技術の強み」を知る段階である。まずは自社または自身の持っている技術が他者と比べて強いのか弱いのかを知らなければ始まらない。自分では強いと思っていても、**他者と比較して強くないのなら、差別化にはならない。**当然、価格で勝負する戦略もあるが、コストダウンできる技術を持っていなければ、単にもうけを削るだけで、それではマーケティングとは言えない。

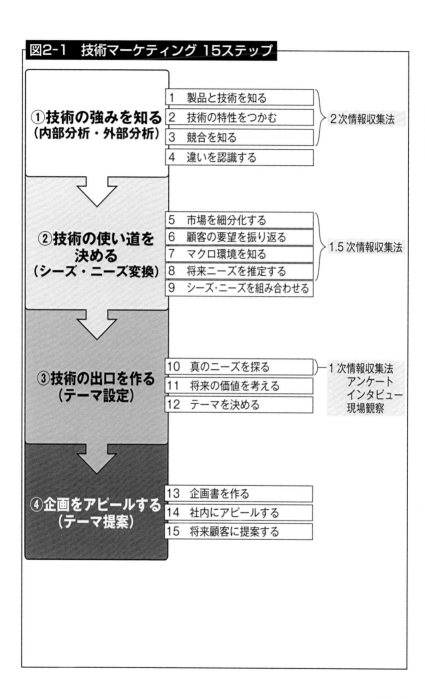

図2-1　技術マーケティング 15ステップ

①技術の強みを知る
（内部分析・外部分析）

1　製品と技術を知る
2　技術の特性をつかむ
3　競合を知る
4　違いを認識する

2次情報収集法

②技術の使い道を
決める
（シーズ・ニーズ変換）

5　市場を細分化する
6　顧客の要望を振り返る
7　マクロ環境を知る
8　将来ニーズを推定する
9　シーズ･ニーズを組み合わせる

1.5次情報収集法

③技術の出口を作る
（テーマ設定）

10　真のニーズを探る
11　将来の価値を考える
12　テーマを決める

1次情報収集法
アンケート
インタビュー
現場観察

④企画をアピールする
（テーマ提案）

13　企画書を作る
14　社内にアピールする
15　将来顧客に提案する

次は「技術の使い道を決める」段階である。すでに客先が決まっており、ニーズが明白であれば、あとは自身の技術をどう合わせていくかという話なので、マーケティングというより技術開発の課題である。

　マーケティングとは新しい製品・サービス、新しい市場、新しい事業で売上を作ることであり、新しい売上が最大になるような技術の使い道を自ら探さなければならない。企業の研究部門や開発部門に求められるのは、**技術のポテンシャルをいかに最大に活用して、将来の事業の柱を作っていくか**であり、自らが顧客ニーズを発掘して市場を開拓してくアプローチが必要となる。

　3段階目は「技術の出口を作る」段階である。技術は製品・サービス・事業という形になってはじめて顧客の課題解決ができ、対価を得ることができる。そのためには、顧客のニーズを深く追求し、どのようなビジネス形態であれば手に取ってもらえるか、お金を払ってもらえるかを明らかにしなければならない。

　今持っている技術では足らないこともあるし、5年、10年先の顧客のニーズに沿うために新技術や新市場に取り組まなければいけないこともある。こうした技術の将来も考慮して、新製品・新サービス・新事業のイメージを明確にする。

　4段階目は「企画をアピールする」段階である。アピールする対象は、まず社内の関係部門（企画部門、営業部門、事業部門など）および経営層である。大企業になるほど部門は増え、その分、多くの説明や説得が求められる。社内ベンチャーであっても、開発資金を得たり、新会社設立の手続きのために、社内アピールは不可欠で

ある。

　開発者の中には、この社内説得が苦手という人が多い。説明や提案の場で、自身の考えや思いが伝わらない、質問にうまく答えられない、反論をうまく切り返せないといったことが、苦手意識を醸成する。さらに技術を知らないのに理不尽な指摘をされると、だんだんコミュニケーションが面倒になり、唯我独尊でプレゼンしたり、独自の論理で質疑に対応したりして、結果、印象を悪くする。「お客さんはわかってくれているのに、なぜ社内はわからないのか」といういら立ちもあるだろう。しかし、マーケティングの観点から言うと、**説明を受ける側がお客様であり、お客様に選ばれる提案がいい提案である**。したがって、どうしたら関係部門や経営層に自身の提案を選んでもらえるかを必死に考えなければならない。

　社内説得をクリアしたら、次はお客様への提案である。ここでも自身の技術を押しつけるのではなく、お客様のニーズを探りながら自身の技術との適合性、受容性を見極めなければならない。これは開発段階だけでなく、販売に至るまで続く。

技術の強みを知る4ステップ

　技術の強みを知るには、自社にどのような技術があるかを知るところから始める。

　すでに製品を販売している部門であれば、その製品がどのような技術で構成されているかの整理が出発点である。販売中の製品には競合品が存在しているはずで、競合品と比べどの技術で勝っているか、劣っているかを考察する。

　研究所など製品化されていない部門では、技術がどのような機

能・性能や特徴を有しているかを洗い出す。

　次に競合会社の実態を把握する。その会社のポテンシャル、規模や戦略を知ることで、勝てる相手かどうかを見極める。また、その競合会社には技術で勝っていても事業で負けているかもしれない。開発者は技術面での優劣に目が向きがちであるが、営業面やサービス面の優劣も見ていく。

　こうした市場や競合の分析には情報収集が不可欠であるが、いきなり顧客や競合に聞きに行くのはハードルが高い。製品のイメージや試作品があれば顧客から話を引き出しやすいが、何もない段階では話をしにくいだろう。そのため本書では、情報収集を３段階に分けている。顧客やパートナーの直接の声を聞く１次情報、文献や書籍からの２次情報、その間を1.5次情報としている。

　1.5次情報は造語であるが、顧客の声を代弁したり、顧客の声を間接的に聞いたりして情報を得るものである。

　第一ステップとして、文献や書籍など２次情報の情報収集から取り掛かることをお勧めする。２次情報はインターネットに代表される情報収集であり、取り組みやすくコストもあまりかからないアプローチだからである。２次情報の情報収集スキルについては３章で紹介する。もちろん、顧客と直接コンタクトできるのであれば、１次情報収集としてすぐ顧客に聞いてかまわない。こうした情報と分析を経て、自社の技術の強みを認識する。

📊 技術の使い道を決める５ステップ

　技術の強みを明確にしたら、どの市場が魅力的かを探る。

当然ながら、製品化・事業化しやすいのは既存事業の市場である。すでに営業担当が顧客を持っており、会いに行ったり、提案できたりするからである。まずは既存市場がどのような市場構成になっているかを明らかにしていく。

次に市場のニーズを見ていく。まずは依頼や要望など声になっているニーズを対象とする。**寄せられた依頼や要望が社内で埋もれていることもある**ため、それらを掘り起こすことから始める。とりわけBtoBビジネスは、顧客の要望に対応して製品・サービスや新事業が開発されており、根も葉もないところからはビジネスは生まれていないので、過去の依頼や要望は重要なビジネスのタネなのである。

しかし、これまでの顧客の要望は過去から現在のニーズであり、将来も続くとは限らない。また、そのニーズが一過性のものなのか、大きな潮流を背景としてのものなのか見分けがつかない。そのため、**より広い視野（マクロの視点）でニーズの背景やトレンドを押さえる必要がある**。併せて、今後どのようなニーズが生まれるか、大きくなるかを推定しなければならない。

技術の使い道を決める段階での情報収集は、社内の営業担当に顧客や業界の動向をヒアリングしたり、展示会やセミナーで顧客や関係者の話を聞くなど、2次情報では得られない情報——1.5次情報を収集する。2次情報だけで判断すると、競合が同じ情報を見ていた場合に同じ戦略をとることも想定され、差別化できない。したがって、1.5次情報を得ることで情報レベルを一段深いものにしていく。

こうしたニーズ情報と強みの組み合わせから、自社として取り組

むニーズを特定する。いわゆるニーズとシーズのマッチングである。シーズ志向でニーズを作り出す発想がよく言われるが、シーズはニーズを解決する手段であって、手段から目的は生まれない。あくまで**目的があり、その手段として自社の技術が適切かどうかを判断するのがマーケティングの考え方**である。こうしたニーズ・シーズの適合性を明らかにして、自分たちに何ができるかを明確にする。

📊 技術の出口を作る3ステップ

どのような製品・サービス・事業を作っていくかの段階では、1次情報が不可欠になる。ただし、2次情報、1.5次情報で得られる情報をわざわざ聞くのはもったいないので、十分に情報をとったうえで1次情報の収集に臨む。1次情報で顧客の真のニーズ、隠れたニーズを知ることで差別化した製品・サービスを発想することができる。顧客に聞く場合、こちらに仮説がないと顧客もコメントができない。情報はギブアンドテイクが原則であり、仮説を相手にぶつけることで反応を得る。

製品化するには、今持っている技術だけでなく将来の技術分野も視野に入れ、将来どのような価値を提供できるかを構想する。

こうした活動を通じて、自分たちが開発しようとする製品・サービス、事業をA4サイズ1枚のフォーマットに仮想で描いてみる。このとき、商品カタログ風に描いてみる。独りよがりではない、相手から見て魅力的な商品として表現できるかどうかがポイントである。

ı|ıı 企画をアピールする3ステップ

　製品化・事業化イメージができたら、関連部門や経営層に説明して、協力・予算・人材を得る段階となる。そこで必要なのが企画書である。

　企画書は聞き手にわかるように書く必要があり、具体性とストーリー性が求められる。関係者に対するプレゼンテーションでは、伝えるべきことを確実に伝えることが肝要で、そのスキルを開発者として身につける必要がある。

　そして顧客への提案である。提案書を作成し顧客にインタビューを行うが、発売までは製品・サービスを売り込むための提案ではなく、価値の提案である。価値を評価してもらいつつ、具体的なニーズを引き出す努力を欠かしてはならない。

ı|ıı ステップの取り組み方

　具体的なアプローチは3章以降で述べていくが、本書ではさまざまな場面を想定してアプローチを紹介している。そのため初心者の方は「これを全部やらないとたどり着けないのか？」と不安に思うかもしれないが、必ずしも全部行う必要はなく、ケースに応じて省いてもかまわない。

　たとえば利害関係者が多く、会社の命運をかけた大型プロジェクトの場合は複数の分析結果から厳正な判断をしていく必要があるので、多面的な分析が必要となる。

　一方、社内ベンチャーなどで、まず行動を起こすことが優先である場合は最低限の調査や分析でかまわない。すべての分析を行うと

時間がかかり、スピードが落ちてしまうためである。

　マーケティング初心者は、まずは最低限の調査・分析を体験し、経験値に応じて新たな分析を加えていってかまわない。最低限の調査や分析手法を自分の手の内にしながら、オリジナルの分析を加えていけばよい。

　図2-2で、必須のステップ、調査・分析とそうでない調査・分析に区分している。必須のステップは、時間のかけ方、深掘りの仕方の差はあるが、必ず通っていただきたいステップであり、初心者の方はまずはこの必須ステップでスキルを身につけていただきたい。

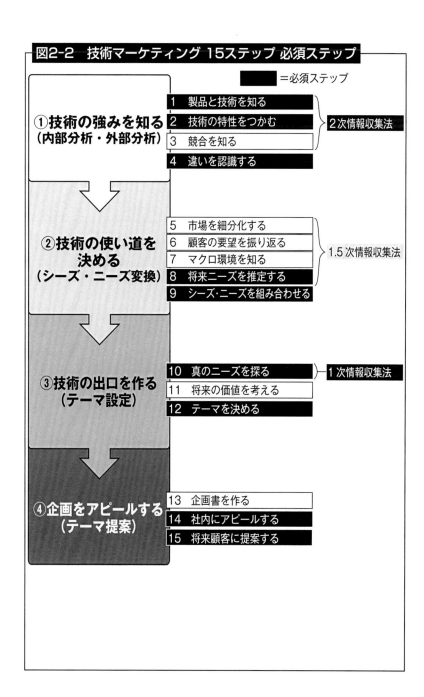

図2-2　技術マーケティング 15ステップ 必須ステップ

■ ＝必須ステップ

①技術の強みを知る
（内部分析・外部分析）

1	製品と技術を知る
2	技術の特性をつかむ
3	競合を知る
4	違いを認識する

2次情報収集法

②技術の使い道を
決める
（シーズ・ニーズ変換）

5	市場を細分化する
6	顧客の要望を振り返る
7	マクロ環境を知る
8	将来ニーズを推定する
9	シーズ·ニーズを組み合わせる

1.5次情報収集法

③技術の出口を作る
（テーマ設定）

10	真のニーズを探る
11	将来の価値を考える
12	テーマを決める

1次情報収集法

④企画をアピールする
（テーマ提案）

13	企画書を作る
14	社内にアピールする
15	将来顧客に提案する

3章

技術の強みを知る

　技術を活かして新製品や新事業を創出していくには、まず自社（自身）の製品と技術を知らなければならない。いわば己を知るということである。次に他社を知らなければならない。敵を知るということである。己を知り、敵を知ることで独自性発揮の方向性を明らかにする。

Contents

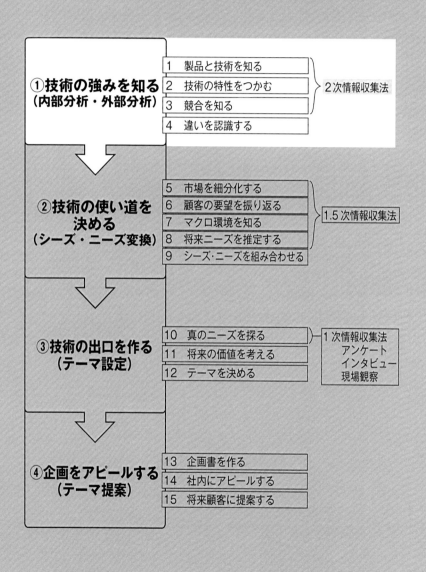

① 技術の強みを知る
（内部分析・外部分析）

1	製品と技術を知る
2	技術の特性をつかむ
3	競合を知る
4	違いを認識する

2次情報収集法

② 技術の使い道を
決める
（シーズ・ニーズ変換）

5	市場を細分化する
6	顧客の要望を振り返る
7	マクロ環境を知る
8	将来ニーズを推定する
9	シーズ･ニーズを組み合わせる

1.5次情報収集法

③ 技術の出口を作る
（テーマ設定）

10	真のニーズを探る
11	将来の価値を考える
12	テーマを決める

1次情報収集法
アンケート
インタビュー
現場観察

④ 企画をアピールする
（テーマ提案）

13	企画書を作る
14	社内にアピールする
15	将来顧客に提案する

1

技術資源分析

技術資源分析とは

「当社は設計技術が強い」「強いのは、評価技術だ」など、得意技術について社内で会話する際、人によって技術の認識にバラつきはないだろうか？　まずは自社の製品を構成する技術を知り、強い技術を共有することから始める。

　自社の技術を整理する方法として、技術資源分析がある。

◆目的

　自社の保有する技術を可能な限り詳細に分類区分し、製品・サービスと技術との関連を見えるようにして技術資源を把握する。そのうえで強みとなる技術を認識する。

◆使い方

　・技術の体系表として
　・部署内および他部門との技術の共通認識

◆完成イメージ　図3-1

技術資源分析の手順 −1 製品・事業の分類

　技術資源分析を行うには、まず自社の製品・事業を分類する。会社全体の技術を見るのであれば、対象は全製品・サービスとなり、

部や課単位の技術であれば、部や課で扱っている製品・サービスということになる。図3-2に示すように、大分類、中分類といった体系に区分する。大分類は市場、事業、製品カテゴリー単位、中分類は製品形態、製品用途単位にしていく。中分類のさらに内訳として個別の機種、製品アイテムやラインアップが存在することになる。

個別の機種や製品アイテムを列挙するとかなりの量になると思われるので、技術資源分析では、中分類の製品・サービスをリストアップする。たとえば食品会社であれば、「乾めん」「冷凍めん」といった分類である。

それでも中分類の数が多いときは、**性能や機能で他社と差別化できているもの、事業の主力となっているものに絞る。それらの製品・サービスには強い技術が内在している可能性が高い**ためである。

また、同一の中分類であっても、材料や設計、生産の方式が異なるものは分けておく。たとえば食品資材コンテナで、金属製と樹脂製があれば、「金属製コンテナ」「樹脂製コンテナ」と区分する。

製品・事業分類は基本的には現在販売中の製品・サービスを対象とするが、廃番になった製品・サービスについても、技術面では優位の場合があるのでリストに加える。

技術資源分析はあくまで現状分析なので、開発中の製品・サービスは対象としない。要素技術が未確定であったり、用途が不明瞭であるためである。

次に中分類ごとに用途と競合企業を記載する。

用途を記載する意図は、用途によって競合企業が異なる場合があるのと、中分類の名称だけでは何に使われているかがわかりにくい場合があるためである。

図3-1　技術資源分析　完成イメージ

大分類	中分類	用途	競合	材料技術 木材	材料技術 繊維	材料技術 化学	材料技術 金属	設計技術 機械 機構設計	設計技術 機械 流力	設計技術 機械 熱
A	A-1	自動車	D社			○	○	◎		
A	A-2	半導体	E社,F社			△		△		
A	A-3	・・							△	△
B	B-1	工作機械	G社			○	○			
B	B-2	精密機器	H社			△	△		△	○
B	B-3	・・				○	△	◎		
B	B-4	・・				○	△	◎		
B	B-5	・・				○				△
C	C-1	建築	I社,J社		◎	△	○			×
C	C-2	住宅	K社,L社	○	◎	△	△			×
C	C-3	・・								
C	C-4	・・								

製品・事業

◎＝ユニークな技術、○＝他社より強い技術、△＝他社並みの技術、×＝他社より劣る技術

　競合企業を記載する意図は、技術の評価を行う際に強い技術、弱い技術といった判断をしていくが、**強い、弱いというのは相対的な評価であり、相手がはっきりしないと評価ができない**ためである。

　競合企業が複数社存在する場合は、主要1～2社を選定する。主要とは自社がシェアトップであれば2位、自社シェアが2位以下であれば1位ということになる。シェアがわからなければ営業担当の経験や情報に基づいて主要競合企業を推定する。

　品質や性能で競合するグループとコストで競合するグループなど、市場に複数のグループが存在する場合、自社が品質や性能で争っているグループに属していれば、そのグループ内の企業と比べる。

　製品・事業の分類は、エクセル等では行単位でリストアップする（図3-3）。

設計技術		生産技術											
機械		加工										組立	
振動	弾塑性	鋳鍛造	射出成形	プレス	シボリ	切削	接着	ろう付け	溶接	塗装	めっき	機構	電気
○	○	△		○		○	○				△	△	△
											△		△
				△	×				△		×		
	○		△						×		×		
			△		△							△	△
	○												
	○		△	×	×		○	△				○	△
			△		×	△			○	○			
△			△				○			○		△	○
△			△							○		○	△
×					×							△	
×												△	

図3-2 製品・事業分類

大分類	中分類
食品資材	ボックス
	コンテナ
	トレー
	ケース
	緩衝マット
	その他商品
	包装紙
住宅資材	発泡ウレタン
	断熱シート
	クッションマット

図3-3 製品・事業分類

	大分類	中分類	用途	競合
製品・事業	A	A-1	自動車	D社
		A-2	半導体	E社、F社
		A-3	・・	
	B	B-1	工作機械	G社
		B-2	精密機器	H社
		B-3	・・	
		B-4	・・	
		B-5	・・	
	C	C-1	建築	I社、J社
		C-2	住宅	K社、L社
		C-3	・・	
		C-4	・・	

ⅰⅰⅰ 技術資源分析の手順 −2 技術の分類

　次に自社の要素技術を分類する。大分類は、材料技術、設計技術、製造技術、評価技術などの項目で設定する。中分類は、大分類で設定した基本工程の中をさらにブレイクダウンする。たとえば製造技術なら、加工技術、組立技術などがこれに該当する。小分類も同様の考え方で、中分類の加工技術は鍛鋳造技術、射出成形技術などに分類し、技術要素を細分化していく（図3-4）。

　この技術分類は、既存の製品・サービスがどのような技術要素で作られているかを示すものである。したがって、項目の記載では、「塗装加工技術」や「めっき加工技術」など、**それぞれの表現のあとに「技術」とつけても違和感がないように留意する**。設計工程や生産工程に近い表現になるかもしれないが、たとえば「養生」工程があったとしても、ただ数時間置いておくだけで何も技術要素がなければ技術分類には入れない。

　また、この分類は新製品・サービスの企画・開発・立ち上げのプロセスではないため、アイデア出しや試作といった言葉は入らない。あくまで製品が完成し、**商用化段階での技術要素**を記載する。

　ところで、サービス業やエンジニアリング業の場合、製造業と異なり、「〇〇技術」と表現できる固有技術は多くはない。しかし、あるサービスを実現するためにはノウハウがあるはずなので、それを技術として捉える。たとえば「材料選定ノウハウ」「調達ノウハウ」「プロジェクト管理ノウハウ」といった類である。

　技術の分類は、エクセル等では列単位でリストアップする。

図3-4　技術の分類

材料技術				設計技術					生産技術												
				機械					加工											組立	
木材	繊維	化学	金属	機構設計	流力	熱	振動	弾塑性	鋳鍛造	射出成形	プレス	シボリ	切削	接着	ろう付け	溶接	塗装	めっき		機構	電気

図3-5　製品・事業と技術のマトリックス

	大分類	中分類	用途	競合	木材	繊維	化学	金属	機構設計	流力	熱	振動	弾塑性	鋳鍛造	射出成形	プレス	シボリ	切削	接着	ろう付け	溶接	塗装	めっき	機構	電気
製品・事業	A	A-1	自動車	D社																					
		A-2	半導体	E社,F社																					
		A-3	・・																						

（表頭：材料技術 ／ 設計技術（機械）／ 生産技術（加工・組立））

技術資源分析の手順 -3
製品・事業／技術のマトリックス

　製品・事業の分類を縦軸（表側）、技術の分類を横軸（表頭）としてマトリックスを作成する。そしてマトリックスの中で自社技術を位置づける。

　やり方として製品単位に左から右に見ていき、その製品に利用されている技術があれば、セルに色や印をつけていく。利用されていない技術のセルはブランクのままにする（図3-5）。

　製品によって、同じ要素技術の表現であっても意味するものが異なる場合があるが、技術側の表現を一般的な表現に変えるなどして一覧化を試みる。

3章

技術の強みを知る

技術資源分析の手順 –4 技術の評価

　製品別に色や印をつけたセルごとに、

・ユニークな技術（オンリーワン技術）

・他社より強い技術

・他社並みの技術

・他社より劣る技術

　（その製品に必要ない技術はブランク）

の評価を行う。

　製品ごとに競合企業と比較して、その技術が強いかどうかを推察し、評価をする。

　1人で評価を行うと情報不足や先入観で判断してしまうことがあるので、営業担当など他部署のメンバーと一緒に評価を行っていく。競合製品と自社製品を比較し、顧客から聞いた評価も交えながら判断していく。

　評価の結果、「ユニークな技術」と「他社より強い技術」がコアとなる技術ということになる（46ページ図3-1）。

特性比較分析

特性の抽出

　製品・サービスがどのような特性を有しているかを検討する。特性とは、その製品・サービスの用途市場における性質のことで、機能、性能や小型、軽量などの特徴を指す。

　コアとなる技術を競争優位としてマーケティングを進めるには、その技術で構成されている製品・サービスがどのような特性を発揮しているかを見ていく必要がある。そうすることで、競合比較がしやすくなり、差別性や独自性を見出しやすい。

　図3-6に特性表現の例を示す。

特性比較分析

　特性を抽出したのち、他社との特性の比較を行う。この場合の他社は、**直接の競合品に限らず、同じ用途で使用されている代替品も対象とする**。製品・サービスの用途が異なると、求められる特性も異なるので、複数の用途がある場合は、用途ごとに分析を行う。

◆目的

　自社と他社の特性を比較し、そのうえで競合品、代替品に対する強み特性を明らかにする。

◆使い方

　・自社技術の強み特性の共通認識

◆完成イメージ　図3-7

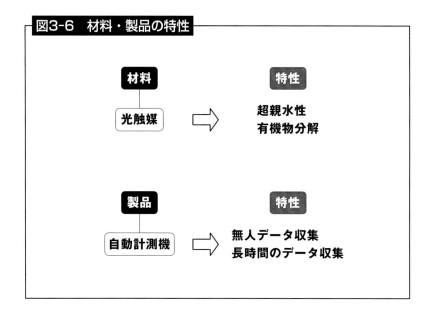

図3-6　材料・製品の特性

📊 特性比較分析の手順 −1
　顧客が求める特性のリストアップ

　他社と比較を行う際に忘れてはいけないのが、**その特性は顧客から求められているか**ということである。他社との競争ばかり気にして、顧客不在になっていないだろうか？

図3-7　特性比較分析　完成イメージ

例.補強材

◎：他ができない特性
○：他より優れている
△：並み
×：他よりも劣る

顧客が求める特性		自社（品）	他社（品）			
			AA 繊維	BB 樹脂	CC 金属	
	意匠性	△	×	△	◎	
	強度	○	△	×	△	
	薄さ	◎	△	×	○	
	軽さ	◎	△	○	○	
	加工のしやすさ	○	△	○	△	
	曲面使用	◎	×	×	×	
	コスト	△	×	○	×	
強み特性		●薄さと軽さ ●曲面使用		●薄さ	●曲面使用	

　顧客が求めていない特性を争っても意味がない。リモコンのボタンを例にとると、当社はボタンが10個あって他社は11個ある。しかし顧客が使っているボタンが3個であれば、ボタンの数に意味はない。

　筆者が知る建設機械メーカーは、競合とクレーンの高さを競い合っていて、他社より1m長くしたいがそれにはかなりの研究開発が必要であった。顧客に確認したところ、1m長いことに意味はなく、もっと安全性を考慮してほしいといった特性を求められた。

　したがって、特性比較分析の特性の表現は、利用する側が求める特性を対象とする。つまり顧客が気にするスペックである。あくまで顧客側からの視点で特性を選ぶべきで、たとえば図3-7に示す例で補強材が国産かどうかは顧客が気にしていないのであれば、それは特性とは言えない。顧客が求める特性は縦にリストアップする

図3-8　顧客が求める特性

顧客が求める特性	
	意匠性
	強度
	薄さ
	軽さ
	加工のしやすさ
	曲面使用
	コスト

（図3-8）。

ılıı 特性比較分析の手順 -2 他社の抽出

　顧客が求める特性を満たすものはすべて代替候補である。たとえば補強材であれば、補強用途の製品で顧客が求める特性に近い製品は、異素材を含めて代替対象となる。さらに湿式と乾式、溶剤系と水系など方式が異なるものも代替対象と言える。

　ここで注意しなければならないのは、どこが競合になるかという点である。

　有名な会社だけを競合視していないだろうか？　BtoCビジネスの場合、店舗の棚やECサイトで自社品の上下左右に競合品が置かれているが、BtoBビジネスは基本的にクローズの取引であるため競合を把握しにくい。展示会の出展企業や企業のプレスリリースを競合として捉えるのは早合点である。展示会やプレスリリースは新規市場への参入企業や新商品の開発企業が認知度を上げるためにとる方策である。特定顧客と安定的に取引している企業や既存品で十

分に経営が成り立っている企業は、展示会やプレスリリースでは見つからない。そうした企業にとっては、展示会に出展したことでライバル企業に写真をたくさん撮られ、早晩モノマネ商品が発売されるなど、出展メリットよりデメリットが大きい。BtoBビジネスで長年顧客とガッチリ手を組んでいる企業は表に出てこないのである。

競合企業を知るための最良の方法は、顧客に「当社品と比較している商品は何ですか」と素直に聞いてみることである。すると、はじめて聞く地元企業や海外企業の製品・サービスが出てくることがある。それが真の競合なのである。有名だからといって競合視していた企業は、顧客にとっては比較対象ではなかったのである。

BtoCビジネスは棚の上下左右が競合と言ったが、BtoCビジネスでもあらためて顧客に比較商品を聞いてみるべきである。BtoBと同じように聞きなれない商品名や企業名が出てくることがあり、その企業は自分たちの知らないところで広告宣伝や販促活動を行っているかもしれない。「どこが競合になるか」は常にアンテナを張ってウォッチし続ける必要がある。

従来は同業者が競合であったが、新事業が盛んである昨今は、異業種も競合となる。どの業界においても、**過去の競合と将来の競合は変わる可能性がある**ことを認識しなければならない。

図3-9 他社（品）候補

他社（品）候補			
AA 繊維	BB 樹脂	CC 金属	

ᴵᴵ⚹ 特性比較分析の手順 −3 特性比較

　顧客が求める特性を縦軸、他社を横軸に取りマトリックスを作成する。

　まず自社について評価を行う。評価は、「◎＝他ができない特性」「○＝他より優れている」「△＝並」「×＝他よりも劣る」の４段階で行う。

　続いて他社についても同様に評価を行う。

ᴵᴵ⚹ 特性比較分析の手順 −4 強み特性の記載

　強み特性は、自社と他社を比較し、自社が優位に立てる特性を記載する。特に自社が◎で他社が△、×、または自社が○で他社が×など、２段階の差があれば優位性が大きいのでその特性を記載する。たとえば自社が「ＡＡ繊維に対して薄さと軽さで優位」であれば、それを記載する。強み特性はライバルごとに異なるので、それぞれ記載する。つまり強み特性の欄は、他社の強みを書くのではなく、自社品が優位となる特性である。

　技術のマーケティングにおいては、技術的価値そのものの評価は難しいため、製品化段階の性能・機能や特徴の優位性を見ていく。有力特許の有無や論文数など技術価値評価の方法はあるが、マーケティングで必要なのは**市場の価値**であり、市場価値の評価は技術そのものではなく、製品化を想定しないと難しい。

ステップ3　競合を知る

競合分析

特性比較分析で競合他社の製品・サービスについて評価を行ったが、はたして競合企業のことをどこまで理解しているだろうか？本項では競合企業の実態把握の方法について解説する。

ılı 競合分析

競合企業分析の視点を図3-10に示す。

◆目的
競合企業の実態と戦略や動向をつかむ。

◆使い方
・競合の共通認識
・競合の基本情報として定期的に更新する

ılı 分析対象の設定

分析対象の１つめは**有力競争会社**である。自社が市場でトップシェアであれば２位、３位、自社がトップでなければ市場シェア１位の会社がまず該当する。トップシェアの会社は業界内で支配力や発言力を持っており、業界全体に大きな影響を及ぼす。その業界で

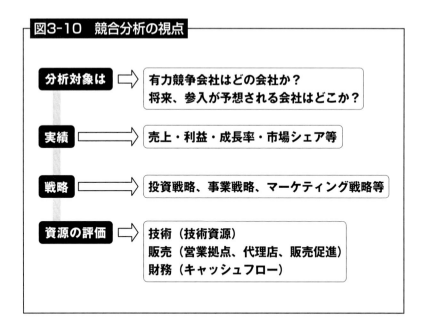

図3-10　競合分析の視点

分析対象は → 有力競争会社はどの会社か？
将来、参入が予想される会社はどこか？

実績 → 売上・利益・成長率・市場シェア等

戦略 → 投資戦略、事業戦略、マーケティング戦略等

資源の評価 → 技術（技術資源）
販売（営業拠点、代理店、販売促進）
財務（キャッシュフロー）

成長著しい新興企業も有力競争会社である。

　市場が成熟している業界では、既存の上位企業は自身のシェアを守ることで精一杯で冒険しない。一方、スタートアップ企業は既存企業と同じことをやっていても差別化できないので、デザイン、技術、ビジネスモデルで差別化している。こうした新興企業の中で顧客ニーズを確実につかんで市場シェアを拡大している会社は分析対象となる。

　また、新興国の企業は低価格を武器に市場参入して価格破壊によって業界構造を変える力を持っており、成長著しい企業は有力競争会社になり得る。

　2つめの分析対象は**将来、参入が予想される会社**である。とはいえ、まだ参入していない企業の商品は市場に並んでいない。参入が

予想される企業をどのように把握するか？

　方法の1つは特許の傾向である。自社の技術分野で他社特許の状況を定点観測していると、意外な企業から特許が出ることがある。点としての出願であれば研究部門の自己満足に過ぎないかもしれないが、複数出願があり、さらにその件数が増えていたりすると、その分野への進出を画策している可能性がある。

　2つめは国や自治体の補助事業や産学官プロジェクトに参画している会社を見ることである。プロジェクトの顔ぶれの中に「なぜこの会社が入っているのか？」と疑問に思う異業種やスタートアップ企業が参画していることがある。素材のプロジェクトにICT企業が入っていたり、海外プロジェクトに内需型企業が入っていたりするケースである。そうしたときに「この会社はこの分野への進出を狙っているのでは？」と関心を向けてみる。新事業や新市場参入の場合、自力だけでは難しいことが多いため、国・自治体の補助事業への参画や産学官連携は新規参入の常とう手段である。

ⅰⅼⅰ 実績の把握

　実績に関しては、まずはWeb情報で把握する。上場企業であればホームページの株主・投資家情報に事業の状況や業績の推移が掲載されているので、売上、利益、成長率などを把握できる。

　市場シェアがわからないときは、検索エンジンで「○○○（製品・サービス名）　シェア」で検索してみる。調査会社のプレスリリースに書かれていたり、上位企業のホームページに自社品のシェアが書かれていたりする。就職サイトに業界内容や各社の情報が載っていることもある。筆者の経験では、某社のグローバルシェアが知り

たくてその会社の事業紹介ページを見たが記載がなく、採用情報の
ページに書かれていたことがある。リクルートページや採用サイト
はマーケティング情報源としても有力なのである。

ⅡⅡ 戦略の把握

　次に競合の戦略を把握する。ビジネスで言う戦略とは、目的達成
のための方向性であり資源配分のことである。つまり、競合企業は
どこに力を入れているか？　何を強化しようとしているか？　をつ
かむことである。

　投資戦略とは、設備投資や開発投資など何にお金を投じているか
である。設備投資であれば量産体制や拠点拡大が狙いであるし、開
発投資であれば新技術開発・新製品開発が狙いである。
　投資戦略には、企業買収やスタートアップ企業への投資も含まれ
る。新事業や新製品・新技術開発においては、過去の日本企業は比
較的社内の資源を活用した開発が多かった。しかし今日では、社内
資源の活用では時間的に間に合わないことが多い。素早く規模拡大
したい、そもそも社内に技術がないといった理由で、外部の資源に
投資して開発することが多くなった。**どのような企業を買収したか、**
どのようなスタートアップ企業に投資をしたかで、その会社の進み
たい方向性が見えてくる。

　事業戦略は、対象市場、製品・サービス、地域に関する戦略であ
る。競合企業はどの市場に重点を置いているか？　その市場におけ
る主力製品・サービスは何か？　さらにグローバル展開している企

業であれば、どのエリア（北米、中国、東南アジアなど）に事業の重点を置いているかを把握する。

　こうした情報は、中期経営計画を策定している上場企業ならホームページの株主・投資家情報に計画が記載されていることが多い。

　非上場企業の場合は、年始の専門誌や新聞記事、社長の年頭あいさつの中で語られることが多いので、注意して見ておく。

　マーケティング戦略とは、製品、価格、チャネル、広告宣伝などの戦略である。新製品・新サービス、販売価格の動向、販売ルートや新たな販路の開発、広告の方法などを確認しておく。

　BtoCビジネスであれば、店頭やECサイトで動向を把握しやすい。

　BtoBビジネスはマーケティング戦略がオープンになっていないことがほとんどなので、業界専門の雑誌や新聞に新製品・新サービスの記事があれば確認しておく。

ⅰⅼ৹ 資源の評価

　競合分析で難しいのが資源の評価である。経営資源は内部情報であるためオープンになりにくい。

　しかし新市場や新事業に進出する場合、プレスリリースやニュース記事になりやすい。記事を読み解くとなぜその市場に参入したのか、どのような技術を活かしているのかが書かれていることがある。複数のニュース記事を集めて推測を行うことで、その会社の技術資源や販売資源を確認する（図3-11）。

3章

技術の強みを知る

図3-11	他社新事業研究
企業名	N社
参入している分野	農業
活用資源 （技術・販売資源）	自動車で培ったセンサー技術 農業資材商社と提携

4

自社・競合分析シート

📊 自社・競合分析の定石

　これまで自社技術の分析と競合分析を解説してきたが、大切なの**は常に分析がつながるように意識すること**である。

　戦略の定石は、自社の強みで競合の弱みを攻撃することである。とりわけ新市場や新事業では、自社の強みがはっきりしていないと既参入企業と差別化できず成功しない。既存市場であっても、製品・サービスが飽和している現代においては、他社と差をつけなければ市場から淘汰される。

　差別化は競争戦略の1つであり、競合他社の製品・サービスと比較して機能やサービス面において差異を設けることで、競争上の優位性を得ようとするものである。技術マーケティングにおいては、特性での差別化を明らかにしていく。

📊 自社・競合分析シートの作成

　差別化要素を抽出するフォーマットとして、自社・競合分析シートを活用する。

◆目的

　対象市場・顧客を絞り、自社・他社の強み・弱みを分析し、何を差別化ポイントにするか検討する。

◆使い方

　・自社および他社の強み、弱みの共通認識

　・差別化のポイントの着想

◆完成イメージ　図3-12

図3-12　自社・競合分析シート

対象市場・顧客　アジアのハイエンド市場

	製品・サービス	強み	弱み
自社	□□シリーズ	精密制御 通信技術を活用した リモートモニタリング	コスト
競合A社 （グローバル企業）	○○シリーズ	業界最大出力 高耐久性	アフターメンテナンス ノウハウ
競合B社 （現地企業）	◇◇	低コスト生産	耐久性 品質安定性

差別化ポイント　顧客の稼働状況に応じた制御

自社・競合分析シート作成手順 -1
対象市場・顧客の設定

　既存市場で競合と戦う場合は、既存市場を記載する。BtoBビジ

ネスで顧客が特定される場合は、顧客名を書くこともある。狙うべき市場が複数ある場合は、市場ごとにシートを分ける。市場によって競合は異なるし、顧客が求める特性も異なるので、強み、弱みが変わるからである。

📊 自社・競合分析シート作成手順 -2
自社の強み・弱み

　当該市場における自社の製品・サービス（これから開発しようとする場合は開発品）について、強み、弱みを技術面、製造面の特性やコストなどから記載する。

　一般的なマーケティングにおける強み、弱みには、技術・生産やコストだけでなく、企業ブランド、資金力なども該当するが、それらは技術マーケティングではコントロールしづらい要素なので、現時点では含めない。自社の強み、弱みは特性比較分析から引用する。

📊 自社・競合分析シート作成手順 -3
競合の強み・弱み

　自社と同様、競合についても会社ごとに製品・サービスの強み、弱みを記載する。市場が変われば競合も変わるし、強み、弱みも変わる可能性があることに留意する。競合の強み、弱みは特性比較分析、競合企業分析から引用する。

　対象とする競合は、市場を取り合っている直接の競合と代替品の競合の両方が対象となる。つまり、**顧客から見て課題解決の手段となる製品・サービスはすべて競合と認識する。**

📊 自社・競合分析シート作成手順 -4 差別化ポイント

　自社の強みで他社の弱みを攻撃できないか、が基本である。

　自社の弱みを他社にさらさないことも戦略上重要ではあるが、まずはその市場で戦っていくための武器となる強みを活かすことが先決である。

　差別化ポイントは、「○○技術」ではなく、「**○○技術によって何を実現できるか？**」で表す。技術差が製品・サービスの差につながることは多いが、技術的優位であっても顧客にとってメリットがなければ市場価値とはならない。

　技術によって性能がどこまで上がるか、どのような機能を発現できるか、軽さ・薄さ・小ささをどこまで達成できるか、といった顧客が求める特性で表現する。技術は手段であり、目的（顧客が実現したいこと）で語るクセをつける。

📊 自社の強みを客観視するには？

　強みとは本来、他者から見て「あなたはここが強い」と示されるものである。いくら自分で強いと思っていても、他者から強いと認識されなければ自己満足である。たとえば自分は数字に強いと思っていても、職場に何人も数字に強い人がおり、人から見て差がなければ強みとは言えない。差別化も同様で、他者から見て差がわからなければ差別化できているとは言えない。

　技術についても同様で、自社の強みは自分たちではわかりにくい。しかし強みがわからないと、打ち手が見えないというジレンマがある。

強みを知る最良の方法は、顧客から教えてもらうことである。しかし営業部門の協力が必要であったり、調査会社への依頼が必要であったりして、顧客の生の声を聞くのは容易ではない。

　BtoCビジネスの場合は、自身が顧客にもなり得るので顧客目線で自社の製品・サービスを見ることができる。また、ECサイトのカスタマーレビューで自社や他社への評価を見ることもできる。

　しかしBtoBビジネスとなると、そうはいかない。

　こうしたときにぜひ試していただきたいのは、競合他社の社員になったつもりで自社を分析してみることである。こちらが競合分析をしているのと同じように、相手は競合先として当社を分析対象にしている。競合他社の目で見ることで自社の経営資源を客観視しやすくなり、両社の比較の中で強みが浮かび上がることもある。

　もう1つ、自社の強みを客観視する方法として、顧客の課題に対して、他社でも解決できるかもしれないが、当社がよりよく解決している要素は何かを考える見方がある。同じ課題を解決できていても、当社がより精度の高い方法を実践していたり、より迅速に解決できていることがあれば、それが強みである。

　マーケティングとは、顧客の課題に対して、他社の解決方法よりも、自社の強みによってよりよく解決する方法を探ることである。

5

2次情報の収集法

マーケティングには情報収集が不可欠である。情報がないと、思い込みで開発を進めることになり失敗を招く。情報には、1次情報と2次情報がある（さらに本書では、1次情報と2次情報の間として1.5次情報も4章で紹介している）。

1次情報とは、情報源となる独自の情報、直接的に体験から得た情報、国や自治体の統計情報などを言う。2次情報とは、人から見聞きした情報や、1次情報をもとに編集された情報、別の目的のために収集され、どこかに保管されている情報を言う。

調査や分析をするうえでは1次情報に基づくのが理想的であるが、1次情報に限定してしまうと情報収集のための費用や手間が大きい。また、新技術の用途を探す場合に、用途が決まっていない段階で直接聞きに行くのは効率が悪いし、そもそも聞きに行く手立てがない。

一方、Webや書籍からアクセスできる2次情報は、比較的入手が容易である。よって市場分析・競合分析の入り口として、まずは2次情報を収集し、足りない情報を1.5次情報、1次情報で補うステップが実務的には有効である。

📊 2次情報の種類

2次情報の種類は、Web、テレビ、紙などの媒体で区分される。

Webのメリットは即時性、検索性、紙媒体に比べて低コストである点、デメリットは書き込みサイトなどに信憑性が欠けるものがある点である。紙媒体のメリットは網羅性、信頼性であり、デメリットは即時性に欠ける点である。テレビはWeb同様、即時性や低コストがメリットであるが、Webほどの情報量がない。媒体ごとにメリット、デメリットがあるので、それを認識して使い分ける必要がある。Webは紙に比べ情報量は圧倒的だが、紙媒体にしか載っていない情報もあるので、それぞれ補完しながら見ていく必要がある。

　2次情報の種類に、情報源の区分もある。ニュース、ホームページ、一般書籍・雑誌、金融機関資料、専門誌紙・業界団体資料、調査会社レポートといった分類である。Webと紙の両方が存在するが、紙媒体であったものがWebに移行している。

　図3-13は情報の深さと広さを示している。収集のしやすさから、上から下へ順に収集していくのがよい。図の下部には収集が難しい情報もある。
　最もアクセスしやすいのはWebのニュースやホームページである。ニュースの種類として、企業・行政などの組織が自社の活動や製品・サービスを告知するニュースリリース、マスメディアや情報サイトによるニュース記事が該当する。マクロな動向から個別企業の動向まで幅広く情報が手に入るが、紙面や文字数に限りがあることから、詳細情報までは得にくい。各社のホームページは市場、競合、顧客動向をつかむうえで基本の情報源となる。
　政府の統計はe-Statというポータルサイトから閲覧、ダウンロードすることができる（図3-14）。

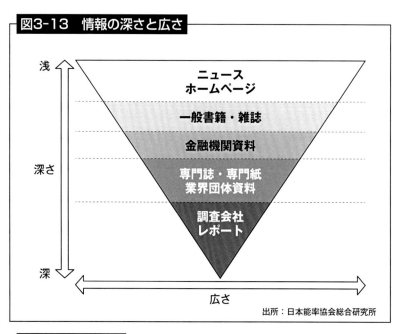

図3-13　情報の深さと広さ

浅

ニュース
ホームページ

一般書籍・雑誌

金融機関資料

専門誌・専門紙
業界団体資料

調査会社
レポート

深さ

深

広さ

出所：日本能率協会総合研究所

図3-14　e-Stat

https://www.e-stat.go.jp/

一般書籍・雑誌は、今後のトレンドや業界全体の構図をつかむのに適している。毎年、調査・研究機関等から出版される「市場予測本」では、最新トレンドやキーワードを押さえることができる。

　業界の全体像をつかむうえでは就職活動に使う「〇〇業界のしくみがわかる」といった業界本が役立つ。就職活動中の学生向けに書かれているのでわかりやすく、業界動向や参入企業、市場シェアなどを知ることができる。

　金融機関の資料は取引先などステークホルダーに向けて発行されているものだが、中には業界別の動向や予想が書かれていたりする。一般書籍や雑誌は販売部数を増やさなければならないので、ニッチな業界が取り上げられていることは少ないが、どの業界とも取引している金融機関の資料には、基本的に業界の偏りなく記載されている。図3-15はみずほ銀行の産業情報資料の例である。

　金融機関関連でもう１つ紹介したいのは『業種別審査事典』（一般社団法人金融財政事情研究会編・株式会社きんざい刊）という書籍である。これは銀行関係者が民間企業への融資審査等のため、各業種についての知識を得る目的で発行されているものであるが、マーケティングにも大いに役立つ。1,500以上の業種に関して、業種の定義、市場環境、業界動向、成長性や課題などが各業種数ページにわたって記載されており、業種のアウトラインをつかむのに最適である。まずは自身の業種がどのように記載されているかを見てみるとよい。BtoBビジネスの場合、ニュースやホームページでは市場規模の情報を得にくいが、こうした資料に生産量・販売量などのマーケット規模が書かれていることもある。

　この資料はWebでは閲覧できないため購入するか、国会図書館

図3-15　金融機関の資料の例　みずほ産業調査　みずほ銀行

https://www.mizuhobank.co.jp/corporate/bizinfo/industry/sangyou/pdf/1066_all.pdf

や県立図書館に所蔵があれば閲覧する。

　専門紙・専門誌とは、業界に特化した新聞や雑誌のことである。「日刊自動車新聞」「電気新聞」「化学工業日報」などが専門紙の例で、雑誌についても業界別に専門誌が発行されている。こうした新聞や雑誌は「○○協会」「○○工業会」など業界団体から発行されているものもあり、その業界団体で独自に統計や出版物が発行されていることもある。専門紙・専門誌は書店に並ぶことが少ないので、まずは情報収集したい業界にどのような雑誌や新聞が発行されているかをWeb等で把握する。出版社のホームページで内容やバックナンバーを見て、活用できそうな内容であれば購入、または購読を申し込む。紙媒体なら国会図書館にも所蔵されている。

図3-16　情報源の特徴まとめ

	マクロトレンド	業界動向	市場規模	成長性	企業動向	市場シェア
ニュースホームページ		○			○	○
一般書籍・雑誌	○	○		○		
金融機関資料	○		○	○		
専門誌・専門紙業界団体資料		○	○	○	○	
調査会社レポート		○	○	○	○	○

出所：日本能率協会総合研究所

　最後に、民間調査会社のレポート類である。民間調査会社は独自の取材に基づき定期・不定期で調査レポートを発行しており、インターネットでは得られない分野の市場規模、成長性、市場シェア、競合動向といった情報を提供している。民間調査会社のレポート類も書店では販売されていないため、調査会社のホームページから確認する。

　情報源別の特徴を図3-16にまとめた。

📊 2次情報を整理する順序

　2次情報の収集はアクセスのしやすさで解説したが、**集めた情報を整理するには順序がある**ことを認識してほしい。Web検索をしていると、読み手の関心をそそるキーワードの多いコメントに飛び

3章
技術の強みを知る

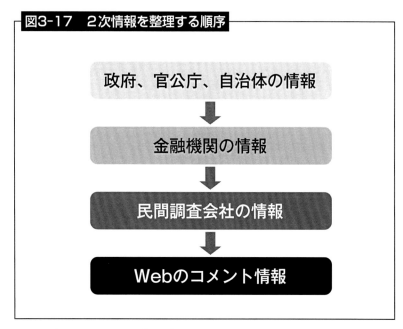

図3-17　2次情報を整理する順序

政府、官公庁、自治体の情報

↓

金融機関の情報

↓

民間調査会社の情報

↓

Webのコメント情報

つきがちであるが、情報収集の経験が浅いと、適正な情報かどうかの判断を誤りかねない。安易にネット上のコメントに飛びつくのは危険である。

　情報を整理する手順を図3-17に示す。

᎔᎔ 2次情報整理の手順 −1 国・官公庁・自治体の情報

　官公庁・自治体の情報は定期的に調査・更新されており継続性があるため、過去データとの比較がしやすい。また、国や官公庁の調査は、一定の調査手法で多くの調査モニターによって行われているため、客観性が高い。継続性、客観性のある基本情報として、まず押さえておく。統計資料利用上のポイントは、集計項目、集計期間、集計方法、発表時期を把握することである。

ᴵᴵᴵᴵ 2次情報整理の手順 -2 金融機関の情報

　金融機関の情報も客観性が高いと言える。金融機関はグループに
リサーチ会社を持っていることが多く、専門調査員によってレポー
トが作成されている。金融機関はすべての産業に関わりがあるため、
業界情報の偏りも少ない。金融機関は調査に基づいて投融資を行う
必要があるので、その情報は十分な情報量と知見を有したものと言
える。

ᴵᴵᴵᴵ 2次情報整理の手順 -3 民間調査会社の情報

　民間調査会社の調査レポートには、国・官公庁や金融機関では得
られない個別企業のセグメント別売上やシェアまで記載されている
ものもあり、マーケティング上、有用である。ただしインタビュー
に基づいて売上額やシェアを推定している場合もあることから、あ
くまで取材の範囲での情報であることを認識すべきである。もちろ
ん1人だけに聞いてレポートを作っているわけではなく、各社独自
のノウハウのもと、複数人への取材記録と公開情報や統計情報を突
き合わせて数値を推計しているので精度は高い。ただ、その数値が
正解かどうかという判断は難しく、あくまで2次情報の1つと認識
する。

ᴵᴵᴵᴵ 2次情報整理の手順 -4 Web のコメント情報

　キーワード検索を行うとレビューや論評といったコメントが上位
にあがってくる。2次情報は別の目的で加工された情報であるから、

以下の観点を忘れずに接する必要がある。

○何について言っているのか 　　（課題）　　　What

○なぜ、そう言えるのか 　　　　（理由）　　　Why

○どこからの情報か 　　　　　　（出所）　　　Where

○いつごろの情報か 　　　　　　（新しさ）　　When

○誰が言っているのか 　　　　　（作成者）　　Who

○誰に言っているのか 　　　　　（対象者）　　Whom

○どのように生まれた情報か 　　（経過）　　　How

　以上を確認し、**使える情報と使えない情報を取捨選択しなければならない**。

📊 2次情報収集のポイント−1 バラバラの情報を組み立てながら次の情報を収集する

　2次情報は、自分たちの都合に合うように揃っているわけではない。ニュース記事、ホームページ、調査会社の資料などバラバラな情報源から、自分たちが欲しい情報を抜き出し、編集しなければならない。情報収集の目的を明らかにしたうえで、情報収集計画を立てて収集し、その結果、目的が達成できたかどうかを評価する。

　情報は芋づる式に探すのが鉄則で、手当たり次第に他の情報源を当たるのではなく、1つの情報源からさらに深く掘り進む。たとえばニュース記事にグラフが掲載されていたとするとそこに出典が書いてあるはずなので、出典元をたどっていく。するとそこに詳細データがあるかもしれない。**原情報を追求する**ことを心掛ける。

ılᴵᴾ 2次情報収集のポイント -2
情報を「持っている」ではなく「探せる」

　情報は鮮度が命である。ストックされた情報はどんどん古くなっていく。情報は持っていることが重要ではなく、**探せること**、つまり、「この情報を得るにはどのようなウェブサイトを見ればよいか」「どの図書館に所蔵があるか」を知っていることが重要である。

　そのためには常に情報源を広げる行動をとることが必要である。調査会社主催の情報収集セミナーに参加するのも、新たな情報源を知る方法の1つである。セミナーでは、官公庁サイト、調査会社サイト、投資会社サイト、まとめサイトなど、有用サイトのURLの紹介や情報の見方を解説してくれる。

ılᴵᴾ 情報源の見つけ方、増やし方 -1
情報源をリストアップする

　これまで利用したことがある情報源（ウェブサイト、図書館、外部資料室など）をリストアップし、技術情報、市場情報、企業動向情報等の区分、有料／無料の区分など各情報源の特徴を書き出す。そして各情報源の特長（強み）、限界（弱み）を列挙する（図3-18）。

ılᴵᴾ 情報源の見つけ方、増やし方 -2
情報不足分野の"公開情報源"をリストアップする

　情報収集セミナーや口コミで聞いた情報源（有料ウェブサイト、情報サービス機関など）をリストアップし、サービス内容、利用可

図3-18 情報源の整理

	情報源	情報種別			費用	強み	弱み	備考
		市場	企業	技術				
利用可能な情報源	〇〇資料室	〇	〇		有料	マーケティング情報文献数閲覧室	特定業界の深さ	チケット制
	国会図書館	〇	〇	〇	無料	文献数	立地	
	□□サイト		〇		有料	顧客との関係	非顧客の情報	

	情報源	情報種別			サービス内容	利用コスト	試用可否	試用評価	備考
		市場	企業	技術					
不足情報源	〇〇電子版	〇	〇		ネット対応	〇万円／年	可	欲しい情報は少ない	経営企画向け

試用前の情報源も記載

能範囲、利用コスト、試用の可否等の調査を行う。情報サービス機関とは、有料会員契約またはスポットで新聞・雑誌記事や調査会社の資料を閲覧できたり、代わりに情報収集をしてくれたりするサービスのことである。個人での費用負担は難しいものでも、社内や部門内で複数人が繰り返し活用できそうであれば候補にあげておく。

📊 情報源の見つけ方、増やし方 -3
　　情報源の評価〜登録

　情報不足分野の情報源が試用（おためし）できるのであれば、体験してみる。雑誌や新聞の電子版は、一定期間の体験版、無料デモ版が準備されているものが多い。情報サービス機関も情報収集の無料トライアルを実施しているので体験してみる。

試用の結果、自身の情報収集に活用できそうか、費用対効果がありそうか、他に有効な情報源はないかなど確認するとともに、特長、限界などを評価し、有効であれば自身の情報源に追加する。

情報源の見つけ方、増やし方 -4
　情報源リストの定期棚卸し

　情報源、とりわけWebの情報源や情報サービスは増加している。従来の情報源だけを頼りにしていては、有用な情報を見落としてしまうし、アップデートのスピードに追いつかない。したがって常に情報源を探索し、試用をしながら定期的に情報源リストを追加、修正、削除し最新の情報源リストにしておく。こうして自身（または部門）としてオリジナルの情報源リストを持つことで、迅速かつ的確に情報にアプローチすることが可能となる。

2次情報収集の留意点

　2次情報を収集するうえで留意点を2つ述べておく。

　1点目として、2次情報は何らかの目的にもとづいて1次情報や別の2次情報から作られた情報なので、著者や記者の主観が入っていることを常に意識する。読み手の関心を促すために特定箇所のみがクローズアップされていたり、背景や理由が割愛されていたりすることもある。したがって2次情報を読む場合には、常にその情報の目的や対象などを意識し、情報不足のときは裏づけとなる情報やデータを自ら探すことを心掛ける。**情報を鵜呑みにせず、疑ってかかる**ことも大切である。

２点目は、できるだけ**情報範囲を広げて情報収集を行う**ことである。２次情報は自身にとってピッタリの情報ではない。たとえば素材や部品企業によっては自身の市場規模情報が欲しくてもピッタリの情報は少ない。ピッタリの情報が欲しいのであれば、自らヒアリングや現地調査をしなければならない。

　ピッタリの情報がないときは、可能な限り関連する多くの情報を集めて、それらの情報から推定を行う。たとえば素材・部品企業では完成品の市場規模と素材・部品の構成比や単価がわかれば市場規模が推定できる。正確ではないが情報が多ければ精度は上がる。

　情報収集を広げて行うのは、今後業界や分野の垣根がなくなり、異業種や新技術による変革が加速するからでもある。そうした中で自身の専門分野だけを見ていては視野が狭すぎる。他分野の情報を広く集め、それらの情報と自分野の情報を融合させることが重要なのである。

4章

技術の使い道を決める

　本章では、自社（自身）の技術を活かして、顧客のどのような課題を解決していくか、どのようなニーズに対応していくかを明らかにするアプローチを解説する。

　ニーズとは、顧客の抱える未充足の不満や欲求のことである。顧客のニーズを把握することはマーケティングの基本であるが、真のニーズを見つけることは簡単ではない。ましてや自社の技術をベースに考えていくと、プロダクト志向が抜けきらず「顧客にはこんなニーズがあるはずだ」「いずれニーズが生まれるはずだ」など勝手に想像し、真のニーズを見つけられないまま商品化してしまう。

　本章では顧客のニーズを的確につかみ、自社の強みとマッチングさせる方法を明らかにする。

Contents

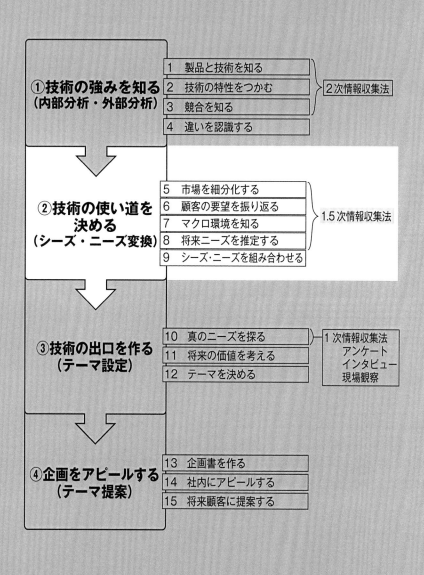

①技術の強みを知る
（内部分析・外部分析）

1	製品と技術を知る
2	技術の特性をつかむ
3	競合を知る
4	違いを認識する

2次情報収集法

②技術の使い道を
決める
（シーズ・ニーズ変換）

5	市場を細分化する
6	顧客の要望を振り返る
7	マクロ環境を知る
8	将来ニーズを推定する
9	シーズ・ニーズを組み合わせる

1.5次情報収集法

③技術の出口を作る
（テーマ設定）

10	真のニーズを探る
11	将来の価値を考える
12	テーマを決める

1次情報収集法
アンケート
インタビュー
現場観察

④企画をアピールする
（テーマ提案）

13	企画書を作る
14	社内にアピールする
15	将来顧客に提案する

1

マーケット・セグメンテーションと
マトリックス分析

　個別の顧客のニーズを求めることに先立ち、自分たちがどのような市場に存在しているのかを認識する必要がある。市場とは、売り手と買い手が出会って製品やサービスの取引を行う場所であり、製品やサービスを購入しようとする個人や組織の集まりのことである。

マーケット・セグメンテーション

　自社の製品・サービスの市場をどのように捉えるべきか？　食品メーカーの市場であれば食品市場という答えが返ってくるかもしれないが、食品とひと括りに捉えてしまうと顧客の要望や成長性がはっきりしない。そのため、市場を細分化（マーケット・セグメンテーション）して動向を把握する。マーケット・セグメンテーションとは、顧客が誰かということで、市場を特異性と共通性の観点から区分することである。細分化された市場をセグメントと言う。

◆**目的**
　細分化した市場で好機を見つけ、その市場に集中する。
◆**使い方**
　・マーケット・セグメンテーションの共通認識
　・好機となるセグメントの発見

図4-1　BtoBとBtoCのマーケット・セグメンテーション

【BtoB】

製品タイプ	性能、形式など
業種	（需要市場）自動車、自宅など
用途	産業用、業務用など
地理的条件	地域、立地、産業集積、地形など
統計	企業規模、業種など
顧客特性	求める技術水準、利用者の水準など
購買行動	購買ボリューム、購買頻度、購買の重視点など

【BtoC】

製品タイプ	性能、形式など
心理的基準	性格、ライフスタイル、価値観など
地理的条件	地域、都市の規模、人口密度、気候など
統計	年齢、性別、年収、職業、家族構成など
リピート状況	トライアル、リピート、ロイヤルカスタマーなど
購買行動	利用する時期、時間 求めるメリット、利用頻度など

「はじめてのマーケティング実務基礎セミナーテキスト」JMA／株式会社MOMO高橋澄子著より筆者加工

📊 セグメンテーションを2つ以上考える

　セグメンテーションは、**統計的な裏づけが取れるよう、まずは客観的な区分で行う**（静的セグメンテーション）。セグメントごとの人数や件数をつかみやすくするためである。

　次に、アンケートやインタビューに応じて独自のセグメンテーションを考察する（動的セグメンテーション）。独自のセグメンテーションとは「自然派志向の30代ビジネスパーソン」「高い環境意識を持つ企業」といった区分である。セグメンテーションはBtoBビ

ジネスとBtoCビジネスでは区分概念が異なる。詳しくは図4-1を参照していただきたいが、BtoBビジネスであってもBtoCに近い業種であればBtoCのセグメンテーションを参考にしてほしい。

　自社のマーケット・セグメンテーションが１つとは限らない。製品タイプでも区分できるし、用途でも区分できるので、幾通りも試してもらいたい。留意すべきは、**細分化することが目的ではなく、好機を見つけることが目的**である点。そのため、顧客ニーズが同じ、成長性が同じ、競合が同じであれば細分化する意味はない。

　社内の部課の区分がマーケット・セグメントと思いがちであるが、組織は社内都合で決まることがあるので、必ずしもマーケティングを意識した区分とは限らない。同じ市場なのに部長のポスト対策で部が分かれていることもある。したがって、ニーズの違い、成長性の違いなどを意識し、どのセグメントが有効であるかを判断しながら２つ以上のセグメントを考えてみる。

ılıı 市場分析の手順 -1　セグメンテーション1の作成

　市場分析マトリックスの完成イメージが図4-2である。

　まずは１つめのセグメンテーションを決め、その市場をリストアップする。

　注意点は、**１つのセグメンテーションにほかのセグメントを混ぜないこと**。たとえば、建設用、土木用など用途別のセグメンテーションの列に、米国向け、欧州向けなど地域のセグメントは入れない。地域は別のセグメンテーションとして分ける。

　エンジンメーカーの例：セグメント１〈用途別〉農機、船、建機、ビル、住宅など

図4-2　市場分析　完成イメージ

エンジンメーカーの製品タイプ／用途マトリックス

用途＼製品タイプ	ガソリン	ガス	ディーゼル		規模	成長性
			空冷	水冷		
農機	○			◎		→
船（小型）				◎		↗
船（大型）				○		→
建機				◎		↘
ビル	○	◎	◎	○		→
住宅		○	○	○		↗
市場規模						
成長性	↘	↗	↗	→		

市場分析の手順 -2 セグメンテーション2の作成

　続いて、1つめのセグメンテーションと異なるセグメンテーションを選定する。顧客や地域が異なればニーズは異なるし、製品タイプが異なれば顧客や競合が異なるので、共通性と特異性を意識してセグメンテーションを選択する。

　エンジンメーカーの例：セグメント2〈製品タイプ別〉ガソリン、ガス、ディーゼル

市場分析の手順 -3　マトリックスの作成

　1つのセグメンテーションを縦軸、もう1つのセグメンテーショ

ンを横軸に取り、マトリックスを作成する。そしてマトリックスの
セルごとに、現存する市場に〇印をつける。自社が製品・サービス
を販売している市場ではなく、他社品を含めて、市場として存在し
ているセグメントに〇をつける。

　次に、自社が展開している市場を〇から◎に変更する。これに
よって、自社が市場全体に幅広く製品・サービス展開をしているの
か、特定市場で製品・サービス展開をしているのかが一覧できる。
別のセグメンテーションと組み合わせて**何パターンもマトリックス
を作成**すれば、市場の広がりや自社製品・サービスの展開を俯瞰す
ることができる。

📊 市場分析の手順 -4　規模、成長性の把握

　まずは市場全体の市場規模と成長性の情報を確認する。市場規模
とはその市場の大きさであり、金額または数量で表される。成長性
は、成長率といった数値があるならそれを用いるのが適切であるが、
数値がない場合は成長、横這い、衰退を矢印で示してもかまわない。

　BtoCビジネスであればWebで市場規模や成長性を把握しやすい
が、BtoBビジネスはWebで把握できないことが多いので、その場
合は営業部門や企画部門で関連情報を有しているかどうか確認する。

　市場規模の時点は、まずは統計的に裏づけのある直近のデータを
用いる。将来の市場規模は推計を伴うので、狙うべき市場を特定し
た後に算出する。成長性の時点についても、まずは統計で示される
過去から現在で判定する。ただ、昨年と今年といった短期間で見る
と、災害や大型イベント、政策の転換期など特殊要因によって需要
が大きく変わることがあるので、5年前と直近を年平均で見るなど

変動を均す必要がある。

　次にセグメント別の市場規模、成長性を把握する。こちらもBtoCビジネスであればWebで調査会社等のプレスリリースを確認することができる。たとえば化粧品市場のマーケット・セグメンテーションでは、スキンケア、メイクアップ、ヘアケアなど製品カテゴリー別に区分されており、それぞれの市場規模や成長性が発表されている。

　BtoBビジネスにおいても、BtoC同様に調査会社による情報が出ていればその数値を引用する。しかしBtoBビジネスでは、仮に全体市場の数値が見つかっても、セグメント別の数値は出ていないことが多い。たとえば潤滑油用添加剤についての全体数値があっても、建機用、工作機械用、自動車用といった用途別は見つかりにくい。また、日本国内の情報は見つけられても、グローバルの市場規模や成長性となると相当難しい。その場合はあまり時間をかけず、営業担当や企画担当に聞き取りを行い、全体市場から見た推定（たとえばA市場とB市場で8：2など）で整理する。

　まずは**市場全体を俯瞰する**ことが大切で、今後マーケティング活動を進めることで徐々に精度が上がってくることを心に留めておく（活動の進捗に応じて精度を上げることを心掛ける）。

　こうして市場規模や成長性をセグメント別に見ていくことで、自社製品・サービスが市場規模の大きい市場に存在しているのか否か、成長性の高い市場にいるのか否かがひと目でわかる。

╷╷╻╻ どの市場を狙っていくか

　自社製品・サービスの属する市場に成長性があれば、一見有望市場に見えるが、もう少し詳細に市場を分析する。市場規模が金額で表されているなら、単価と数量に分解する。

　単価が年々低下する一方で数量が伸びている市場だとすると、金額が増えていても、必ずしも有望市場とは言えない。大型設備で安く大量に生産することが得意な企業にとっては有望であるが、そうでない企業にとっては機能を付与しても価格アップが期待しにくく、安売り競争に陥る危険性があるからだ。市場分析ではセグメント別の**単価や数量の変化も見ていく**ことが大切である。

　一方、自社製品・サービスの市場規模に限界があったり、成長性が鈍化していれば、さらなる成長のために市場規模や成長性が期待できる有望市場に狙いを定める必要がある。

「どの市場を狙っていくか」を、マーケティングではターゲティングと称している。ターゲティングは一度設定したら終わりではなく、何度も行う必要がある。

　最初のターゲティングとして、図4-3に示すように、市場規模・成長性といった**市場の魅力**、自社製品可能性・技術力・生産力といった**適合性**の**2つの視点で市場を選択**する。

　自社製品や技術とまったく異なる市場は、いくら市場自体が魅力的であっても参入するには他社の買収やゼロからの技術開発を要するため、自社適合性は低い。

　自社適合性は多少足らなくても、自社製品や技術と関連があれば、他社との提携や産学連携の推進によって技術開発を進めることがで

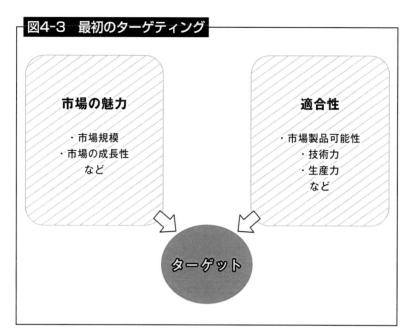

図4-3　最初のターゲティング

市場の魅力

・市場規模
・市場の成長性
　など

適合性

・市場製品可能性
・技術力
・生産力
　など

ターゲット

き、市場進出は可能となる。

　現段階は狙うべき市場の仮候補として、市場を複数選択する。狙うべき市場の候補は、市場分析のマトリックスのセルに色をつける、印を変えるなどして目立つようにしておく。

開発品のターゲティング

　既存製品・サービスの技術の新用途市場は、どのように探していけばよいか？　あるいは研究開発段階で、まだ製品化されていない技術は、どのようにターゲットとなる市場を決めていけばよいか？

　図4-4は、電子部品メーカーで金属の微細精密加工技術を得意とする会社で実施した例である。この技術を応用して新用途・新市場

図4-4　技術の用途候補

分野	製品	適用部位	用途	主要メーカー
電子部品	コネクタ	ピン	基盤、ケーブル	T社、H社
	光コネクタ	コアピン	光機器	T社、N社
	リレー	リード	SSR	P社、K社
	フォトセンサ	リード	半導体	S社
OA機器	プリンタ	ローラー	超小型用	A社、F社
	フィニッシャー	ホッチキス針	複写機	A社、N社
FA機器	コンタクトプローブ	プローブ	検査機器	T社
	ヒーター	フィラメント	蒸着機	S社、N社
医療	注射針	針	注射器	O社、K社
	カテーテル	ガイドワイヤ	検査用 治療用	S社、G社
ホビー	模型パーツ	パンタグラフ	鉄道模型	T社、K社

を狙う場合、まずは金属の微細精密加工がなされている製品を可能な限り洗い出す。とくに部品の場合は、どの部位に使われているかなど、詳細まで抽出する。

　洗い出しの方法は2段階である。第一段階は、当該技術の解説書で適用分野や用途、適用部位を参照する。第二段階は、検索エンジンを使って「微細精密加工 FA」といったキーワードで参入企業を検索する。この段階では企業規模の大小や技術水準の高低は厳密に評価せずに複数社選択し、製品や適用部位を洗い出す。ここでのポイントは、自社が電子部品メーカーだからといって**自分の業界だけを見るのではなく、できるだけ範囲を広げて探索すること**。図では

医療機器やホビーなど、その会社ではこれまで注視してこなかった市場も含めている。こうして調べると、意外な分野で共通の技術が使われていたり、知らない会社が同様の技術を持っていることに気づく。

　図4-5は、軽量補強という機能を持った素材を開発した素材メーカーで実施した例である。この機能を応用して新用途・新市場を狙う場合も、世の中で軽くて強い材料が何かあるかを洗い出す。こちらも機能材料の特集が書籍や雑誌で紹介されていればその記事を活用するが、そうした文献がない場合は、すでに市場に出ている同等機能の素材をわかる範囲でピックアップする。軽くて強いというと、炭素繊維、ガラス繊維などが思い浮かぶ。そうしたら炭素繊維のメーカーを検索エンジンで調べ、メーカーのホームページで用途や

図4-5　機能の用途候補

分野	用途	適用部位	主要メーカー
電子機器	ノートパソコン	筐体	Ｋ社、Ｓ社
	液晶プロジェクタ	筐体	Ｋ社、Ｓ社
自動車	CNG車	タンク	Ｏ社、Ｈ社
	燃料電池車	タンク	Ｏ社、Ｈ社
土木建築	吊り橋	ケーブル	Ｋ社
	躯体	鉄骨代替	Ｋ社、Ｎ社
医療・介護	福祉機器	フレーム	Ｓ社
	装具	義足	Ｋ社、Ｉ社

適用部位を調べる。

当社開発品が目指すターゲット候補

　同様の技術や機能をリストアップできたら、自社開発品のターゲット候補を決める。ターゲット候補は複数選択しておく。

　選択の基準は、**分野の魅力**と**技術の近さ**である。分野の魅力は、2次情報を活用して各分野の成長性などで判断する。技術の近さとは、求められる技術水準が近いレベルかどうかで、同じ技術表現であっても水準が2桁違うと技術としては遠い。

顧客要望の振り返り分析

　顧客のニーズには、声になっている顕在ニーズと声になっていない潜在ニーズに分けられる。まずは顕在ニーズを洗い出す。

これまでの顧客要望の棚卸

　顕在ニーズを収集する際に、「顧客の生の声を聞きに行かなくては」「顧客のニーズを知るためのアンケートができないか」と外に情報を求めがちであるが、情報収集の原則は**まず社内、次に社外**である。

　社内には、社外にはない貴重な情報が多く存在している。顧客のニーズに関しても、創業間もないスタートアップ企業を除けば、これまでも顧客のニーズに関連した情報は社内に入っているはずである。

　問題は、こうした社内情報を集中的・継続的に管理している会社がほとんどないことである。多くは各部署に点在していたり、各人の記憶に埋もれていたりする。まずは、社内に埋もれている顧客の要望を洗い出す棚卸作業をしなければならない。

▌▍▐ 振り返り分析のための社内アンケート

◆**目的**

　これまで社内に来ている問い合わせや担当者への相談から顧客の要望を洗い出し、顧客のニーズを探る。

◆**使い方**

　・顧客の要望の一覧化

　・注視すべき顧客要望の深掘り

◆**完成イメージ　図4-6**

　３章で、「他者から見て強みと言えるのが、自社の真の強みである」と述べた。問い合わせとは、顧客が**その会社の実力を見たうえで行動を起こした結果**である。顧客が求める水準にまったく届かない会社は、顧客にとって問い合わせの選択肢に上がらない。

　今や世界中の企業が、膨大な情報の中から自社の課題解決を実現できそうな会社を探索できる時代である。ユニークな金属加工技術を持つ日本の中小企業に、米国のスマホメーカーから問い合わせが来た事例もある。グローバルに展開している企業は、世界中で自社の課題を解決できる技術を探索する能力を持っているのである。

　新製品・新サービスの発端は、こうした問い合わせであることが多い。自分たちでニーズを考えるより、問い合わせをベースにニーズを発掘するほうがはるかに現実的であるし、成功確率も高い。顧客要望に基づく製品・サービス開発はマーケティングの基本である。

　とりわけBtoBビジネスでは、BtoCビジネスと違って自分が顧客の立場にはなれないので、開発者の思いつきのアイデアを発端にして事業が生まれることは、まずない。BtoBビジネスは顧客の課題

図4-6　社内アンケート　イメージ

○○部では新製品・新事業の探索活動を行っています。
その活動の一環としてこれまでの製品や技術に関する問い合わせ内容を収集しています。
お忙しい中お手数ですが、以下の内容に該当しそうな問い合わせがあればお答えください。
（該当する箇所のみで結構です）

No.	質問	回答 (どのような内容かを記入してください)
1	これまでの顧客からの問い合わせで、ちょっと変わった問い合わせはありましたか？	
2	異業種からの問い合わせや依頼された製品はありましたか？	
3	これまでの顧客からの問い合わせで、忙しくて断った問い合わせはありましたか？	
4	これまでの顧客からの依頼で、断念した、または失敗した問い合わせはありましたか？	
5	その他、顧客から要望されている製品があれば記入してください	

所属　　　　　　　　お名前

ご協力ありがとうございました

があってはじめて需要が起きるからである。BtoBビジネスの新製品・新サービスは、顧客からの問い合わせ、特に変わった問い合わせから始まることが多い。

　ところで、アンケートでNGの聞き方は「何かないか」である。こういう聞き方をすると、だいたい「何もない」と白紙回答で返される。ましてや新製品・新サービスのタネを探すアンケートでは、

答える側は日々新製品・新サービスを考えているわけではないので、ネタは出てこない。

単に「何かないか」と聞くのではなく、図4-6のように質問を具体化する。これまで、商品や技術に関する問い合わせで「ちょっと変わった問い合わせ」「異業種からの問い合わせ」はなかったかなど、具体的な質問にしてみるといい。

顧客からの問い合わせの中で、トラブルになりそうな問い合わせや売上につながる問い合わせは対応済みであろう。しかしそれ以外は、担当者のノートや手帳、担当者の頭の中に埋もれているのではないだろうか。それをこうした質問で掘り起こすわけである。

既存事業から見ると、アンケートにあるこれらの問い合わせは面倒で手間がかかるため、後回しにしたり忘れてしまったりすることが多い。しかし新製品・新サービス・新事業から見ると、こうした**問い合わせが新たなテーマのタネ**なのである。

筆者の経験では、微細な金属管を得意とする電子部品メーカーでアンケートを行ったところ、「医療用の針ができないか」という問い合わせがあったことが複数の営業担当者から出てきた。

▋▊▋ 振り返り分析の手順 -1　アンケート票の作成

図4-6はサンプルであり、自社の活動の狙いに応じて質問項目を考える。これから新製品を考えていこうとするのであれば、「ちょっと変わった問い合わせ」「忙しくて断った問い合わせ」「既存品以外の問い合わせ」といった質問項目となる。新市場を目指すのであれば、「異業種からの問い合わせ」「海外からの問い合わせ」を加える。「断念した、または失敗した」という質問は、一見すると失敗事例

を聞くだけで役に立たないように思えるが、時間の経過とともに新たな技術開発がなされていたり、外部技術との連携可能性がでてきたりして、今あらためて取り組めば技術的に克服できるかもしれない。また、個人では断念したが、組織的に取り組めば断念せずに済んだかもしれないので、再チャレンジする価値があるかもしれない。

「その他、顧客から要望されている商品」は、ここまでの質問では答えきれない内容を拾う質問である。「その他」だけだと白紙回答が多くなるが、「顧客から要望されている商品は何か」と聞くことで、「こんな話もあった……」といった事例を思い起こさせる。

　質問項目は、回答者にこれまでの顧客の要望を具体的に想起させるためのもので、漠然とした抽象的な話ではなく、**現実的な話を集める**ことがポイントである。

　アンケート票は、質問項目が10以上あると回答者の負担が大きくなり回答意欲が下がる。特にこのアンケートは選択式でなく自由記述なのでやや時間がかかる。したがって数問に抑え、A4サイズ1枚に収めることで、できるだけ回答率を高める工夫をする。

　アンケート票ができたら、自分で答えてみる。答える側に立って、質問がわかりやすいか？　意図が伝わるか？　答えやすいか？　などを点検する。

ⅰⅼⅰ 振り返り分析の手順 -2　社内アンケートの実施

　営業部門、サービス部門、企画部門、設計部門など、顧客から要望が入る部署に対してアンケート票を配布する。あるいは社内データベースにアンケート票を作成して書き込んでもらう。ホームページからの問い合わせ、外部サイトからの問い合わせを受信する担当

部署にも回答を依頼する。

　他部門にアンケートを依頼するときは、上長を通じて各部門長に協力を依頼し、各部門長から部門内の担当者に落としてもらうと徹底できる。どの会社も部門間の壁が存在し、他部門からの依頼は面倒なものである。特に売上・利益に直結しないものは後回しにされる。担当者同士だと協力を得にくいので、回りくどいかもしれないが、回答率を上げるためには組織をうまく使わないといけない。

　回答期間はあまり長いと忘れられてしまうので、2週間後ぐらいを期限とする。後日、詳細を確認する必要があるので、回答は記名式とする。

📊 振り返り分析の手順 -3　社内アンケートの解析

　リマインドメールで未回答者の回答を促しつつ、回収作業に入る。アンケートで回答のあった問い合わせは次のように区分する。

〇製品・サービスに関するもの
　・対応済み（開発テーマ化、製品・サービス化、既存製品・サービスで解決）
　・未対応
〇製品・サービスでないもの
　・苦情、質問など

　対象とするのは、製品・サービスに関するもので、未対応のものである。それ以外は既存部門に情報としてフィードバックする。
　まず、複数（複数人、複数社）から寄せられた類似の要望を選び

出す。

　複数から同様の要望があるということは、顧客の市場や顧客内部で何らかの変化が起きており、その変化を反映している可能性があるのかもしれない。筆者の経験で、複数の会社から似たような問い合わせが一定時期に重なったことがある。それを掘り起こしていくと、新たなニーズが生まれていて、商品開発の結果、１つの事業部として成立するだけの規模になった。

‖ 振り返り分析の手順 -4　社内ヒアリング

　類似の要望を答えた回答者に、要望の背景や詳細を聞くためヒアリングを申し込む。可能であれば、会議室に集まってもらって話を聞く。個別に聞くのではなく一堂に集める理由は、お互いの回答について共通性や特異性を考察してもらうためである。

　ヒアリング項目を図4-7に示す。

　まず、その問い合わせに至った背景を確認する。既存顧客であれば置かれている状況や動向を聞き、問い合わせの動機を探る。

　注意しなければならないのは、**その情報は事実情報なのか、回答者の推察なのかを区分して話してもらうこと**である。事実情報ではない場合、顧客がそのような問い合わせをしてきた真相はわからないので、参加者で推察する。

　次に問い合わせの詳細と対応策をヒアリングする。結果的にささいな問題ですぐに解決されていればさしたるニーズではないが、未解決、先送りした問い合わせであれば、取り組むべきニーズの可能性が高まる。

　複数人に集まってもらうことで、他人の発言から自身の経験を思

```
┌─────────────────────────────────────────────────┐
│ 図4-7　社内ヒアリング項目                          │
├─────────────────────────────────────────────────┤
│                                                   │
│   営業部門ヒアリング（2〜3名程度）                │
│                                                   │
│     ●対象                                         │
│     ・営業部門担当者                               │
│                                                   │
│     ●ヒアリング内容                               │
│       ◆アンケート回答の問い合わせについて         │
│       ・時期                                       │
│       ・顧客名、担当者部署、役職                   │
│       ・問い合わせ形態（電話、メール、対面、その他）│
│       ・問い合わせの背景                           │
│         －問い合わせの経緯                         │
│         －顧客企業の現状                           │
│         －問い合わせの要因推定                     │
│       ・問い合わせの詳細内容                       │
│       ・問い合わせ対応                             │
│         －回答内容                                 │
│         －その後の状況                             │
│                                                   │
│       ◆今後の顧客の課題                           │
│       ◆新製品・新サービスアイデア                 │
│                                                   │
└─────────────────────────────────────────────────┘
```

い出すメリットがある。担当者が1人だと一問一答の問答方式になりがちだが、複数人の場合は「そうそう、自分もそういう話があった」と発言が促され、活発な情報共有の場になる。

　ヒアリング事項はアンケートの回答内容がメインではあるが、特に営業部門など他部門へのヒアリングはせっかくの機会なので、その担当者が捉えている今後の顧客の課題も聞いておく。さらに、担当者にも新製品・新サービスアイデアを聞いてみる。アイデアをそのまま採用するわけではなくとも、参画意欲を促し、その場の雰囲気が明るくなることが多い。

今後、その顧客に聞き取りを行う可能性があるので、ヒアリング対応者には引き続きの協力を依頼しておく。

📊 振り返り分析の手順 -5　まとめ

アンケート、ヒアリングの結果を図4-8のようにまとめる。横軸はどのような市場から問い合わせがあったか、縦軸はどのような機能や価値が着目されているかを示している。セルの中は想定される要望である。要望は機能・性能に関するもの、使い方に関するものなどさまざまであるが、表現を揃える必要はなく一覧化を試みる。縦軸の機能や価値の区分は各セルに内容を入れた後に分類してかまわない。自社の技術の使い道を探るために、ユニークな問い合わせや新規性の高い問い合わせをピックアップし、ニーズを推察する。

図4-8　振り返りまとめ

精密洗浄メーカーの振り返り分析の例

	精密機械部品	医療部品	輸送用機械部品	…………
洗浄	薬液洗浄			
鏡面処理	付加価値向上			
表面加飾	筐体デザイン	機能性付与		
…………			ばらつき防止	
…………				

マクロ環境分析

　振り返り分析で顧客のニーズが見つかっても、すぐにそれに飛びつくのは早計である。なぜなら、そのニーズは過去から現在のニーズであり、将来にわたって求められるとは限らないからだ。また、ニーズの背景をある程度は想定できても、どのような環境変化によってそのニーズが生まれたのかを考察しないと、一過性に終わる危険性がある。世の中がどのように変化しているかを捉えておかなければならない。

　◆マクロ環境分析の目的
　環境変化をより広い視野で捉えることで、事業機会を把握する。
　◆使い方
　・マクロトレンドの共通認識
　・事業機会の想起
　◆完成イメージ　図4-9

📊 マクロの視点で環境変化を読む

　マクロの視点とは、全体、大きな視野、長期的視点という意味で、ミクロの視点（個別、詳細、短期的視点）の対義語である。既存業

図4-9　マクロ環境分析

■分析例（建材メーカーの例）

マクロトレンド		業界への影響 （住宅市場への影響）	当社にとっての 事業機会
キーワード	変化の方向		
新興国の成長	アジア市場の拡大	新築着工数の増加	輸出の拡大
		高級住宅・ マンションの増加	高付加価値建材の開発
		現地仕様製品開発の 加速	現地開発拠点の新設
	新興国企業との 競争激化	安い材料の使用	ローコスト品の開発
		品質検査の強化	Made in Japan品の アピール
高齢化	労働人口の減少	職人不足	施工の簡易化
		ロボット化の推進	プレハブ製品の開発
	高齢者世帯の増加	住宅内安全対策	緩衝材の販売増加
		リフォームの拡大	リフォーム用商材の開発

務は目の前の顧客や競合が対象であるため、ミクロの視点になりが
ちである。ミクロの視点が悪いわけではなく、むしろミクロの視点
を持っていないと、日々の成果をあげることはできない。しかしミ
クロの視点だけで環境変化を捉えると視野が狭まり、短期志向に陥っ
てしまう。技術の使い道を探るには、まずはできるだけ視野を広げ
て世の中の動きを把握し、技術の応用可能性を検討しなければなら
ない。

「広げる」の意味は2つあり、1つは**空間の広がり**である。異業種

参入で業界の垣根がなくなりつつある今、既存業界だけを見ていては不十分である。異業種や異分野の動向を常にウォッチしておかないといけない。今の業界構造や技術がガラッと変わることもあり得る。

2つ目は**時間の広がり**である。ミクロの視点では1年、中期計画を策定している会社は3年が時間の節目であるが、新製品・新サービスはもっと先、たとえば5年後とか10年後を想定することも必要になる。中長期的に市場が減衰したり、なくなったりすることもあり得るためである。

📊 マクロ環境分析の手順 −1 マクロトレンドを押さえる

自社の業界や市場は何らかのマクロ環境変化の影響を受けている。一見すると関わりがなさそうな環境変化が、めぐりめぐって自社の業界や市場に影響を与えることは少なくない。

まずは幅広くマクロ環境の変化をつかむことが必要になる。

マクロ環境には政治、経済、社会、技術等の要因があり、業界や市場に影響を与える。この視点はPolitics（政治的変化要因）、Economics（経済的変化要因）、Society（社会的変化要因）、Technology（技術的変化要因）の頭文字を取ってPEST（または PEST分析）と言われている。

それぞれ、以下の視点で変化を見る。

政治：政策、法規制、国際関係など

経済：景気、物価、貿易など

社会：人口、地域、価値観など

技術：技術開発、技術革新など

経済には産業（産業構造の変化、新産業など）要因も含む。

　また、地球環境に関して、環境：Environmentalとして別視点で切り出すこともあるが、本書では環境に関する政策、環境産業、環境に関する社会活動、環境技術などPESTで捉える。

　それぞれの視点からどのような変化が起きているか、今後起きる可能性があるかを抽出する（図4-10）。

　順序として、まずはマクロトレンドのキーワードを抽出する。キーワードとは「高齢化」「シェアリング」などニュースでよく耳にする言葉のことである。自社の市場や顧客に影響がありそうなキーワードを選定する。間接的に影響のあるキーワードも含め複数あげておく。

図4-10　マクロトレンドの視点

視点	変化要因	変化の方向例
政治的変化要因 Politics	視点例： 国の政策、規制緩和、強化等	各国の政策 今後の規制緩和・規制強化 国・自治体の取り組み
経済的変化要因 Economics	視点例： 経済・産業、貿易等	各国の経済成長 産業構造の変化
社会的変化要因 Society	視点例： 人口年齢構成、地域、都市の変化、個人、社会生活　等	社会変化に伴うニーズの変化 潜在ニーズの顕在化
技術的変化要因 Technology	視点例： 先端技術、新技術の創造	先端科学技術 技術の組み合わせ・融合

次に変化の方向である。キーワードに関連する変化は1つではない。「高齢化」を例にとると、高齢化というキーワードから、「介護人口の増大」「高齢者の趣味・娯楽の拡大」など複数の変化の方向が考えられる（図4-11）。

なお、キーワードや変化の方向は自分の想像で設定するのではなく、**2次情報の文献に載っている表現**で記載する。そのキーワードや変化の方向が、どこから出た話題なのか遡ることを可能にするためである。

図4-11　マクロトレンドのキーワードの変化の方向例

領域	キーワード	変化の方向例	領域	キーワード	変化の方向例
社会	高齢化	・介護人口の拡大 ・高齢者の趣味・娯楽の増大	政治	規制緩和・強化	・環境・エネルギーに関する規制強化 ・規制緩和による市場拡大
	都市への集中	・防災対策強化 ・犯罪多発による安全志向の高まり		国際情勢	・大国間競争の加速 ・勢力図の変化
	人口減少	・労働人口の減少 ・内需の縮小		重要法案	・出入国管理法の改正 ・働き方改革関連法案の成立
	単身世帯	・新たなコミュニティの増加 ・独居高齢者の増加		行政改革	・過疎地の自治体の赤字拡大 ・特区の新設
経済・産業	デフレ	・企業の業績悪化 ・消費の低迷	技術	新技術	・〇〇技術の実用化 ・既存技術とICTの融合
	新興国の成長	・アジア市場の拡大 ・新興国企業との競争激化		AI	・人の仕事の代替 ・人間とAIの共存
	デジタル化	・SNS、ネット通販などの成長 ・電子商取引の普及			
	業界再編	・M&Aの増加 ・異業種との提携			

📊 マクロ環境分析の手順 -2　業界への影響

　分析は「変化の方向」→「業界への影響」と左から右に展開する。業界とは自社や顧客の業界である。食品メーカーであれば食品業界、美容機器メーカーであれば美容業界ということになる。

　BtoBビジネスの場合、マクロトレンドがそのまま自社の業界に影響を与えるものもあるが、まず自社の顧客に影響を与えることが多い。自動車部品業であればマクロトレンドはまず完成車に影響を与える。したがってBtoBビジネスにおける業界への影響は、自社の業績を左右する「顧客の業界」を対象にして影響を考察する。

　業界への影響は、**プラスの影響もマイナスの影響も両方記載**する。変化の方向が業界にどのような機会をもたらすか、需要の減少を招くかなど、複数の視点で分析を行う。業界への影響も２次情報の文献の記載を入れて、情報の客観性を維持する。

📊 マクロ環境分析の手順 -3　当社にとっての事業機会

　次に「業界への影響」→「当社にとっての事業機会」と左から右に展開する。事業機会の表現は、「輸出の増加」といった抽象的な表現でも、「緩衝材の販売増加」といった具体的な表現でもかまわない。業界の影響から可能性を幅広く捉える。

　たとえ業界への影響がネガティブであっても、事業機会がないわけではない。たとえば業界への影響「人手不足」に対して、事業機会として「省人化機器の開発」といった捉え方である。当社の事業機会は２次情報では得られないため、自身の発想で出していく。検

証はこの先の情報収集で行うので、確証はなくてもまずは考えられそうな可能性を出す。可能性はできるだけ多いほうがいいので、部署内のメンバーや他部署のメンバーにも入ってもらい、事業機会のアイデアを数多く出す。

事業機会だけでなく、脅威もあるが、脅威からは新たな技術の使い道は出しにくいので、ここでは機会に限って発想する。

📊 マクロ環境分析の手順 -4
マクロ環境分析の解釈

マクロ環境分析の図の見方は行ごとに左から右に見ていくが、「キーワード→変化の方向→業界への影響→当社にとっての事業機会」が**論理的につながっている**だろうか？

「高齢化→高齢ドライバー増→交通事故多発→車の安全性の向上」と間に解釈が入るのはかまわない。よくないのは、「高齢化→若年層の増加→自社製品の拡販」というように論理が通っていないケースである。世の中の環境変化と自社の機会がつながっていないということになる。「世の中がこう変わる→それによって業界が変化する→その変化に機会がある」というのが基本ストーリーであり、人に説明するときにもこのストーリーが基本である。論理矛盾を起こしていないかを点検してほしい。

最悪なのは、自社の技術や製品ありきで、業界への影響や変化の方向を自身で勝手に作ってしまうことである。いわば我田引水で自身の都合のいい話ばかりで、図の右から左に展開していることになる。「右から左」はマーケットを直視していないことになり、NGである。

▎新市場に向けたマクロ環境分析

さて、マクロ環境分析は自社を取り巻く業界や市場をベースに分析するものであるが、技術マーケティングでは、新用途や新事業など既存・周辺市場とは異なる市場を目指した取り組みをするケースが多い。また、開発型のスタートアップや大学発の技術は、市場が特定されていないことも多い。

その場合、「業界への影響」を何にすべきか？　対象とすべきは、今後革新が起きる業界ではないだろうか。今後変化する産業として注目される、モビリティやヘルスケアといった業界である。それらの業界は製造業、サービス業、IT業などさまざまな業種が含まれる。「革新」とは、産業構造がガラリと変わることを意味する。

モビリティは従来のカーメーカーを主軸とした自動車関連の産業構造から、プラットフォーマーや新たなサービス事業者が参画する産業構造に変化しようとしている。

農業では国内のマーケット規模こそ成長しないが、人手がロボットや自動運転にシフトし、従来の農業生産者以外の異業種が参入するなど、構造が大きく変わりつつある。

こうした革新が起きる業界を「業界への影響」に位置づけて、当社にとっての事業機会を発想する。どのような業界に革新が起きるかは、コンサルティング会社や金融系調査会社、大手メディア等が出している未来予測本（「20XX年の展望」といった書名のもの）を参考にする。

革新に着目するのは、**変化の中に機会がある**からである。単なる成長市場では、既存プレーヤーの事業規模や収益が増えるだけで、

新規参入事業者のメリットはない。たとえば高齢化に伴い老人ホーム市場は成長するが、変化が起きないと参入チャンスが少ない。

新事業の定石は、非連続な変化に注目することである。

非連続な変化とは、何らかの政治、経済、社会などの事象によって成長カーブが変化するものである。政治的な変化事象には政権交代や規制緩和、経済的な変化事象には世界的な景気悪化や新産業、社会的な変化事象には事故・病気、災害等による人々の価値観や行動の変容がある。

こうした変化要素は、既存事業者にとって脅威となる一方で、新規参入事業者には機会となる。

モビリティ業界であれば、電動化や自動運転、シェアリングなどが進むと既存の部品メーカー、カーメーカーの脅威は大きくなるが、ICTのプレーヤーやサービス事業者にとっては新規参入機会が生じる。

したがって、世の中が変わる点を敏感に察知して事業機会をものにすることがポイントとなってくる。

顧客ニーズを知るための 1.5次情報収集

📊 1.5 次情報とは

　1次情報とは生の情報、2次情報は加工された情報、1.5次情報はその中間という意味の造語である。

　組織で事業を行っている場合、既存市場の顧客との接点は営業部門である。新製品・新サービスを検討する場合、開発部門から営業部門に顧客訪問を依頼することになるが、営業からは「今月数字が厳しいから後にしてくれ」「今トラブルになっているのでそれどころではない」と顧客訪問を面倒臭がられることがあるだろう。また、営業が顧客を紹介してくれても、その人が資材や購買担当となると、現在のニーズを聞くことはできても、将来のニーズは聞き出せない（将来のニーズは研究開発部門や企画部門に聞かなければならない）。それでは、開発者自身が飛び込みで顧客にヒアリングするのか？BtoBビジネスの場合、そもそも「飛び込みでの面会はお断り」としている会社がほとんどである。

　顧客がまだ定まっていない技術や、既存市場とは異なる市場に技術を活用する場合、顧客と接点を持つことはできない。

　1次情報収集が難しいとなると、2次情報に頼ることになる。BtoCビジネスではWebのカスタマーレビューなどから顧客ニー

ズを知ることができるが、回答者の属性やレビューの意図がわからないので、鵜呑みにするわけにはいかない。オピニオンリーダーのコメントは、影響力はあるが偏りがある。

　1.5次情報収集とは、本当は顧客にニーズを聞きたいがアクセスが困難な場合に、**顧客ニーズを把握していると思われる人たちに、顧客訪問の代わりに聞くこと**である。文献を見るのではなく、あくまで話を聞くことである。また1.5次情報収集は、顧客訪問が不慣れな人にとって練習の意味もある。

　1.5次情報収集には、営業インタビュー、セミナー受講、展示会訪問、業界団体インタビューがある。

📊 仮説を立てるための情報収集と仮説を検証するための情報収集

　1.5次情報収集の詳細に入る前に、情報収集には仮説を立てるための情報収集と、仮説を検証するための情報収集の2通りがあることを認識する（図4-12）。

　仮説を立てるための情報収集とは、マーケット・セグメンテーションのどのセグメントを狙うか？　競合との差別化ポイントを何にするか？　顧客ニーズは何か？　といった情報収集であり、自社技術の提供価値や課題解決の仮説を立てるための情報収集である。

　一方、仮説を検証するための情報収集とは、本当に自社技術の提供が顧客の課題解決になるか？　顧客に受け入れられるのか？　を明らかにするための情報収集である。

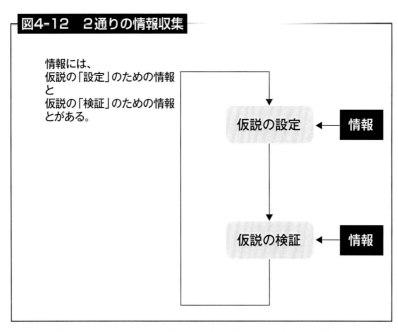

図4-12　2通りの情報収集

情報には、
仮説の「設定」のための情報
と
仮説の「検証」のための情報
とがある。

仮説の設定　◀　情報

仮説の検証　◀　情報

　海外ビジネスの場合、まずどの国に進出するかの仮説を立てる必要があり、そのための情報収集が必要となる。各国の1人あたりGDPや成長率、生活様式や価値観、ニーズなどを調べて対象国を決める。

　次に検証のための情報収集として、自社製品を受け入れてもらえそうか？　お金を払ってもらえそうか？　を調べることになる。

　マーケティングは仮説立案と検証の繰り返しであり、検証することが次の仮説立案につながる。つまり仮説のための情報収集と検証のための情報収集は、ぐるぐる回っている。

　重要なのは、今自分が行っている情報収集が、仮説を立てるための情報収集なのか、仮説を検証するための情報収集なのかを自覚することである。

　マーケティング活動では、まずはどの市場が有望かを客観的に把

握してから仮説を立てるべきである。「この訴求点で攻めたい」「この顧客に売りたい」と、いきなり検証のための情報収集を行ってしまうと、その訴求点が否定されたり、顧客に受容性がなかったら活動は振り出しに戻ってしまう。まずは狙いを定めるために、広く仮説立案のための情報を集める。

📊 営業インタビュー

　1.5次情報で難易度が低いのが、営業インタビューである。この場合の営業とは、社内の営業担当者および販売担当者で、ときには代理店や卸の担当者にもインタビューを行う。

　インタビュー（interview）は、「インター（inter：互いに）」と「ビュー（view：見る）」に分解できる。2人かそれ以上の間での会話で、一方が他方に質問をして情報を得るために行われるものを意味する。選択式アンケートのような一問一答ではなく、**会話によって内容をより深く掘り下げていく**ことに意義がある。

　インタビューを行う際は、面談の前に図4-13に示すようなアンケートを書いてもらうと、当日のインタビューがスムーズに進む。

　インタビューの目的は、顧客のニーズを深掘りすることである。
　一般的に、顧客から得ているニーズ情報の多くは「○○が欲しい」「高性能な機器が欲しい」「もっと小型の製品が欲しい」といった**モノのニーズ**である。特に営業担当は、製品販売に結びつきやすいモノのニーズを追いかけがちだ。
　しかし、マーケティングにおいてはそれでは不十分である。図

図4-13 営業インタビューのためのアンケート

発信：　　月　　日（　　）、回収：　　月　　日（　　）

Ⅰ　〇〇について

Q1　既存の〇〇に関わる製品（製品名または品番を記載）について、
　　これまで顧客からどのような不満や指摘がありましたか？

Q2　〇〇に関して、顧客からどのような製品の要望が多くなって
　　いますか？

部署		氏名	

図4-14　ニーズの構造

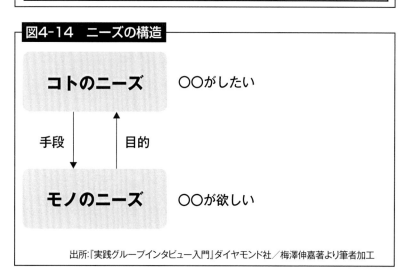

コトのニーズ　　〇〇がしたい

手段　　目的

モノのニーズ　　〇〇が欲しい

出所:『実践グループインタビュー入門』ダイヤモンド社／梅澤伸嘉著より筆者加工

4-14に示すように、モノのニーズの上位に「○○がしたい」という**コトのニーズ**があるはずである。「処理を短時間で済ませたい」「持ち歩きやすくしたい」といったニーズである。

　顧客はコトを解決するためにモノを使っているわけで、コトが目的、モノは手段ということになる。技術の使い道を考える場合は、モノではなくコト、つまり**どのような未充足のコトを解決できるかに焦点を当てる**必要があり、そこから新たな手段を提案していくべきである。

　顧客からモノのニーズの発言が出るのは、顧客が解決手段をわかっている場合のみで、解決手段がわかっていないと声にならない。コトのニーズがわかれば、現在のモノである必要はないし、実現していないモノを開発できる可能性がある。

　したがって、営業インタビューでは、顧客から発せられた声を収集するだけでなく、顧客は本当は何がしたいのか？　何のためにその製品を欲したのか？　を営業との会話から探り当てていくことが大切だ。

　顧客の発言はときに気まぐれで、真の意図と異なる表現であったりする。したがって、**声そのものに反応するのではなく、その奥に潜むニーズを探る**ことが求められる。

ᴵˡᵖ セミナー受講

　顧客または顧客の関係者（取引企業、専門コンサルタントなど）のセミナーが開催されていれば、受講する。展示会でセミナーが併設されていることも多い。生で聞く話には臨場感があり、文献では

割愛されていた背景や、ときにはこぼれ話を聞くことができる。こうした中から、コトのニーズを聞けたり、推測できたりする。

多くのセミナーで質問コーナーが設けられているので、積極的に質問してみる。Webセミナーならチャット等で質問できるので、気軽に尋ねることができるだろう。

対面セミナーでは、登壇者との名刺交換をお勧めする。名刺交換の場が列になっていなければ、そこで質問するのもよい。

なお、セミナー登壇者の名前は必ず記録しておく。場合によっては後の1次情報収集のアポイント先になり、「○月のセミナーを受講しました」というフレーズをあいさつ代わりにできる。

🔊 展示会訪問

展示会訪問とは、自社が出展するものではなく、顧客や競合が出展する展示会を訪問することである。顧客の出展ブースに行けば、ブースに立つ担当者と話ができる。顧客の事業所を訪問するのはハードルが高くても、展示会であれば話がしやすい。

顧客の新製品や注目製品に対して、どのようなターゲットを狙っているのか？　どのようなニーズから開発された製品なのか？　など、あくまで顧客の製品への聞き取りを行う。そのうえで、今後自社に求められそうなニーズを想像するのである。

顧客の出展ブース訪問のポイントは、初日の朝一番や天候不順な日など、すいている日や時間帯を選ぶこと。混み合っていると、大口顧客や新規顧客対応で忙しく、相手にしてもらえない。

比較的若い担当者に声をかけるのもポイントである。ベテランになるほど、売り先にはならないと見ると態度が冷たくなりがちだ。

また、競合の出展ブースへの訪問もチャレンジしてみよう。ブースの担当者は競合の名刺を見て一瞬、表情がこわばるかもしれないが、業界動向などの情報交換ができることもある。

　展示会で出展者セミナーが開催されていれば、積極的に受講する。セミナー中に「こういう課題を抱えている」「こんな問題を解決した」という話題が出れば、ニーズとして捉えることができる。

業界団体インタビュー

　今後アプローチしていきたい業界に業界団体（○○協会、○○連合会など、同業種の企業で構成される会員組織）があれば、話を聞く。業界団体が見つけられないときは、Webで「業界団体一覧」などと検索するとリストが出てくる。

　業界団体は基本的に、各種情報を公開したり、問い合わせに対応してくれる（中にはクローズドの業界団体もある）。

　ホームページに連絡先が記載されているなら、メールまたは電話で知りたいことを伝えて回答してもらうとよい。独自の調査データや資料を紹介してくれるかもしれない。ただし、個別企業の情報は得られないので、あくまで業界での問題点・課題として聞き取りを行う。

1.5 次情報収集の留意点

　1.5次情報は、個別の顧客ニーズを収集する1次情報収集に代わって、顧客を知る人たちや、公開の場に出ている顧客に話を聞くもので、必ずしも顧客の真のニーズとは限らない。それでも、2次情報

になっていない情報を得ることができ、顧客ニーズに近づけるのは間違いない。

　情報収集の順番は、**まず２次情報、次に1.5次情報**である。２次情報である程度の背景を押さえておくことで、1.5次情報の発言の意図を推察することができる。

　2次情報と同様に、1.5次情報についても1つの情報に左右されることなく、**複数の情報を組み合わせて情報を解釈する**ことが必要となる。

5

将来ニーズの棚卸

　中長期の新製品・新サービスや新事業を考えるには、現在のニーズでは不十分である。現在のニーズは時間の経過とともに消滅するかもしれないし、変質するかもしれない。

　では、どうやって将来ニーズをつかむか？

　ストレートに書かれている2次情報は少ないし、1.5次情報収集で営業担当に聞いても、「今のニーズを答えるだけで精いっぱい」といった声が聞かれる。

　将来のことであるため予測するしかないが、予測の原則は**情報をできるだけ多く集めて精度を上げる**ことである。

将来ニーズ棚卸の手順 -1　将来ニーズの収集

　2次情報、1.5次情報に基づき可能な限り情報を集める。ある調査レポートの右肩上がりの成長グラフを見つけて、それだけに頼ることのないようにしてほしい。情報源の1つにするのは問題ないが、くれぐれもその情報だけで判断しないこと。

「これが将来ニーズ」と銘打たれた情報は少ない。そこで今後の課題、要求されること、普及の条件、阻害要因といった文言を拾い出して表に列挙する（図4-15）。

　技術の棚卸ではなく、ニーズの棚卸だ。まずは文献やインタ

図4-15 将来ニーズ棚卸

今後の課題
○○が課題となる…
○○の構築が必要となる…

普及の阻害
実現には○○がネックとなる…
普及には○○が必須…

成長商品・サービス	将来ニーズ
植物工場で生産する栄養価の高い農産物	センサデータの活用による収穫制御や高付加価値生産技術
	小規模事業者の生産効率向上
	培地の軽量化・交換サイクルの長期化
	高栄養価のための肥料管理
	高栄養価のための照明制御技術
	完全人工光設備の導入コスト低減
	大口ユーザー取り込みのための大型化対応

要望・要求
今後は○○が求められる…
○○が必要となる…

条件
実現には○○が条件となる…
普及には○○が前提となる…

ビューの中で、将来のことに触れられているものを洗い出す。将来の時期の違いはあっても、まずは可能な限りリストアップすることに注力する。

📊 将来ニーズ棚卸の手順 -2　将来ニーズの体系化

　棚卸したニーズは、時間、粒度、内容がまちまちなので、いくつかの切り口で整理する。これから紹介する事例を参考に、自社の狙

いに合った方法で整理することをお勧めする。

1つめは時間軸による整理である。

将来の話は202X年、203X年と明確に年が示されているものは少ない。また年が示されていてもマクロ環境変化で時期は変化する。したがって、短期、中期、長期のスパンで整理するのが実質的である。

図4-16の事例1は食の領域の話だが、短期的には健康志向や機能付与の話題、中期的には医食同源に関する話題、長期的には食料不足や環境負荷低減の話題が出てきている。事業部門に近い開発者であれば短期・中期、研究部門であれば中期・長期のニーズに狙いを定めることができる。

2つめはマテリアル（素材）で解決できるニーズとマテリアル以外で解決可能なニーズの区分である。

図4-16の事例2は素材メーカーである。食に関するニーズに対してマテリアルで対応すべきものは自社の事業機会になるが、設備投資やプロセス改善など素材はそのままで作り方の工夫でニーズが満たされるのであれば、自分たちの事業機会ではない。

またこの事例では、改善＝今の延長上で満たせそうなニーズ、革新＝従来と異なることをしなければ満たせないニーズ、と分類している。

事業部門に近い開発者は改善ニーズが取り組みやすく、研究部門の開発者は革新を狙うなど、部署によって使命は異なるだろう。会社としては改善と革新の両方があるほうが望ましい（図4-16）。

このようにして将来ニーズを推定する。

図4-16　ニーズの体系化

事例1　製品・技術の達成段階を時間軸で3つの段階に区分

短期　　　　　　　　　　　　　　　　　　　　　　　　　　　　　　長期

	段階1 既存原料の付加価値向上	段階2 個人対応・疾病予防・ 細胞培養	段階3 非可食資源の活用
製品・技術の動向	・食品の世界的トレーサビリティ ・塩分・カロリー削減食品の製造義務付け ・品種改良、目的に合った味・形状 　　　　　　　　　　など	・罹患の危険性を低減する疾病予防食品 ・高齢者特有の抗酸化機能、脳機能の低下を防止 ・テーラーメイド食品 　　　　　　　　　　など	・食料不足による未利用植物資源への注目 ・農業由来の温室効果ガス抑制のため肉食が削減 　　　　　　　　　　など
将来ニーズ（課題）			

事例2　マテリアルとプロセス、改良と革新に区分

	マテリアル	プロセス
改良		
革新		

視点1　マテリアル　　　　　：製品で対応できそうなニーズ
　　　　ビジネスプロセス　　：製法、設備、提供方法など製品以外で対応できそうなニーズ

視点2　改良：製品/事業における延長上の将来ニーズ
　　　　　　　➡製品もビジネスモデルも継続的

　　　　革新：延長上にないが実現すればインパクトが大きい将来ニーズ
　　　　　　　➡製品またはビジネスプロセスが破壊的
　　　　　　　➡製品もビジネスプロセスも破壊的

4章
技術の使い道を決める

SN（シーズ・ニーズ）変換

　3章で自社の技術の強みを把握し、本章で顧客のニーズを（一部仮説レベルであるが）導き出した。ここで、技術の強みとニーズをマッチングさせて、有望なニーズを抽出する。

📊 シーズ発想の罠

　技術を強みにする企業の多くが、シーズ発想でつまずく。シーズとは自社技術や製品を意味しており、シーズからそのまま新製品・新サービス・新事業を考えることがシーズ発想である。

　自社の技術の棚卸はできても、そこから新製品・新サービスや新事業の発想は出てこない。それもそのはずで、技術棚卸はあくまで既存技術の整理にすぎず、棚卸表を眺めていてもアイデアは出ない。

　技術の用途開発も同じで、自社の技術を他に使えないか？　自社製品の新たな使い道はないか？　と探しに行って、偶然用途が見つかればラッキーだが、見つからないと永遠に探し続けることになる。

　すでに述べてきたように、技術は製品を実現する手段であり、製品は顧客の目的を達成するための手段である。つまり、シーズ発想とは手段から目的を考えていこうとするもので、マーケティングの流れに逆行しているのだ。特にBtoBビジネスは特定顧客の目的に応じて製品や技術が開発されているので、顧客の目的がわからなく

ては新製品はできない。したがって、早い段階でシーズ発想から別の発想に転換しなければならない。

◆**シーズニーズマトリックスの目的**

　自社技術の強みと関わりがありそうな顧客のニーズを選択する。

◆**使い方**

　・関わりがありそうなシーズとニーズの俯瞰

◆**完成イメージ　図4-17**

図4-17　シーズニーズマトリックス

可溶性	鮮度維持	食材の微粉体化		シーズ／顧客のニーズ
○		○		簡便に栄養補給
○				毎日の食事で摂取
	○			外出先で摂取
		○		食事で疲労回復
		○		簡便な調理

📊 シーズニーズマトリックスの手順 −1
シーズのリストアップ

　特性比較分析（51ページ）や自社・競合分析シートの差別化ポイント（66ページ）で表現したような、技術の強み特性を表現する。強み特性を選ぶのは、新用途や新市場を開発するには武器が必要だからである。

　他社並みの特性であればすぐにまねをされ差別化できない。ただ、自社が業界内で高い技術水準で競い合っているのであれば、世間的に見れば強みのある技術と言えるので、その場合は他社並みの特性も入れる。

📊 シーズニーズマトリックスの手順 −2
ニーズのリストアップ

　これまで1.5次情報、2次情報で調べてきた顧客のニーズを対象に、技術の強み特性で対応できそうなニーズを選択し、縦軸（表側）に並べる。類似性の高いニーズが近接するよう分類しながら配列を行う。個別ニーズが多すぎる場合は集約したニーズ表現でかまわないが、あまり集約しすぎると抽象度が上がり、シーズとの関係がわからなくなる。**「顧客は何を求めているか」がわかる**粒度にとどめる。

ılıၣ シーズニーズマトリックスの手順 -3
マトリックスの作成

　ニーズを縦軸にとり、強みとなるシーズの特性を横軸（表頭）に
とってマトリックスを完成させる。

　このマトリックスは、のちほど説明する「SN変換発想」に活用
するため、ニーズ軸は右側に設定する。

　マトリックスの○は対応関係を示す。マトリックスにしているの
は1つのシーズで１つのニーズに対応するものもあれば、複数の
シーズで１つのニーズに対応するものもあるためである。

ılıၣ SN 変換発想

　シーズニーズマトリックスをベースに、SN変換発想というフレー
ムワークで、新たな用途や商品の発想を進める。SN変換のSはシー
ズ、Nはニーズの頭文字をとっている。

　◆目的
　自社（自身）が提供できる価値を明らかにし、これまでにな
い用途や製品のアイデアを発想する。
　◆使い方
　・新用途のアイデア出し
　・経営層、他部門への技術用途説明
　◆完成イメージ　図4-18

図4-18　SN変換発想　完成イメージ

微細化	精密位置決め	センシング	○○○	シーズ　　ニーズ　　マーケット
●		●		高精度に計測できる
●	●			複雑な動作ができる
●			●	微量な化学物質を検出できる
		●	●	○○○○
●		●		○○○○

◆ＳＮ変換とは、従来は存在しない新用途市場のアイデアの発想を円滑にするために、**製品の持っている技術的な特性**（Seeds）を**「顧客にどのような利点（機能）を与えうるか」**という顧客側の言葉（Needs）に変換し、新たな使い方を抽出するための発想技法

📊 SN 変換の基本的な考え方

「自社の技術を使って何かできないか」。これは技術を強みとする企業にとって当然の考え方であるが、自社技術をそのまま何かに使えないかと発想するのは難しい。技術の特性を知り、市場・競合を知り、顧客ニーズを知ったうえで考えていくアプローチを、これまで説明してきた。

こうした分析を踏まえ、シーズニーズマトリックスの顧客のニーズを、自社としてどのようなメリットを与えうるかという**顧客への提供価値に言い換え**、そこから新用途を発想していく。

電気・電子	ロボット	環境計測	―	医療・健康
●―	●―	●紫外線照射量計測		●スポーツ診断 ●
	●介護ロボット		●― ●―	
●― ●―		●環境分析	●― ●―	●― ●―
		●― ●―	●― ●―	
	●―		●― ●―	

📊 SN 変換発想の手順 -1
ニーズ表現の見直し

　SN変換のフレームは、２つのマトリックスを重ねたものである。図4-18の左側は、前述のシーズニーズマトリックスであるが、ニーズ表現をあらためて見直す。

　SN変換で言うニーズは、自社の強み特性で発現できる顧客への提供価値として再定義する。シーズニーズマトリックスで選定した顧客ニーズに対して、再度、自分たちは顧客にどのようなメリット（便益）を与えられるかという表現にブレイクダウンする。つまり**顧客のニーズを達成するために自社の技術で実現できること、できそうなこと**を示す。

　たとえば、自分たちの微細化、精密位置決めというシーズで高精度な計測を実現できるかもしれない。高精度な計測というニーズ表

現は、自分たちからすれば「高精度な計測ができます」というアピール表現である。

　ニーズの表現は営業担当者なども交えて、普段どのように顧客にアピールしているかを踏まえて表現する。この場合、表現の粒度がポイントとなる。あまりにも漠然とした表現は避け、**顧客側から見てメリットが伝わる**ようにする。

　ニーズは顧客にとって価値がある表現まで落とし込む。たとえば光触媒は超親水性という特性を持っているが、超親水性は顧客にとって何がうれしいか？　を考える。超親水性によって、「汚れても簡単に落とすことができる」がニーズとなる。

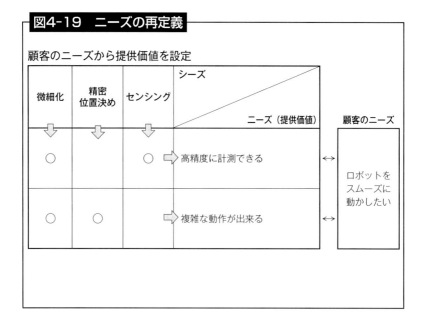

図4-19　ニーズの再定義

顧客のニーズから提供価値を設定

微細化	精密位置決め	センシング	シーズ	ニーズ（提供価値）	顧客のニーズ
⇩	⇩	⇩			
○		○	⇨	高精度に計測できる ↔	ロボットをスムーズに動かしたい
○	○		⇨	複雑な動作が出来る ↔	

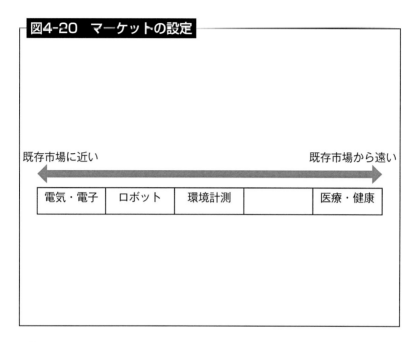

図4-20　マーケットの設定

既存市場に近い				既存市場から遠い
電気・電子	ロボット	環境計測		医療・健康

ᶕᶕᶈ SN 変換発想の手順 -2
〈右のマトリックス〉 マーケットの設定

次に図4-18の右側のマトリックスを作成する。

マーケットの軸はマーケット・セグメンテーションで有望視しているセグメントを設定する。さらにマクロ環境分析で捉えた有望市場も設定する。既存市場に近いセグメントを左側にし、右に行くほど新市場になるよう配置する（図4-20）。

ᶕᶕᶈ SN 変換発想の手順 -3
〈右のマトリックス〉 SN マトリックスの作成

シーズニーズの表のニーズ軸を縦軸、マーケットを横軸にしてマ

トリックスを作成する。

このマトリックスでセルごとに新用途や新製品を発想していく。セルの数が少なすぎると発想の範囲も狭くなる。たとえばニーズが1つ、マーケットが2つでは、2パターンしか発想できない。画面制約や効率性もあるので、最低でも4×4（16セル）、大きい場合は10×10（100セル）くらいで構成する。

ᴵᴵᴵᴵ 強制発想法

SN変換発想は、強制発想法というアイデア発想の一種である。

新用途や新事業のアイデア発想では、ブレインストーミングが行われることがある。ブレインストーミングは参加者が思いついたことを自由に発言し、参加者同士、刺激し合って発想を促すものである。

ブレインストーミングは特定の問題を解決するのに有効であるが、新しい用途はないか？　といった漠然とした問題には適さない。出てくる発想は現在の用途ばかりである。

新用途を発想するには、思いつくまま発想するのではなく、**あるルールを決めて発想する**のが有効である。強制発想法とは、発想の基軸となる考え方を決めて、それに沿って強制的に発想するものである。SN変換では、発想の基軸はニーズのキーワードである。ニーズのキーワードに沿って新用途を強制的に発想するのである。

強制的に発想する意図は、**アイデアの数を出す**ことにある。飛びぬけたアイデアがひらめいてそれに飛びついたら、他社もやっていたといったことはよくある。そうするともう1回、ゼロベースで発想しなおさなければならない。

そこで量は質を呼ぶという考え方のもと、できるだけアイデアの

数を出していく。もちろん質の悪いアイデアをいくら出しても無駄であるが、これまで各種分析を行ってきているので、ある程度の質を維持したアイデアの数を目指す。

ⅡⅠ マトリックス発想

SN変換はマトリックスで構成されており、強制発想マトリックス法と称している。マトリックスは、1つひとつ点検できることと全体を俯瞰できることにより、**モレ抜けをなくし網羅的にアイデアを出す**ことを目指している。

技術の新用途を提案すると、上司から「もっと他にないのか」と言われることがあるが、SN変換のマトリックスを見せることで、網羅的に検討した根拠となる。

マトリックスに向かってニーズ×マーケットでアイデアを出していくわけだが、白紙の画面ではアイデアが湧きにくい。そこでマクロ環境分析で出した「当社にとっての事業機会」などをセルに書き込み、発想を促す。

また既存の用途を書き込むことで、そこから派生する用途を発想することができる。過去の用途を見える状態にしておくことで、過去と同じ発想の抑止にもなる。

セルごとの発想は分担して行ってもよいし、数人で一緒に発想してもよい。あるセルにアイデアが入ったら、その上下左右でも可能性がないかを連想する。

このように、ニーズをキーとしたアイデア、マーケットをキーとしたアイデア、これまでの応用アイデア、上下左右の関連アイデアなどいくつかのアプローチを組み合わせることで、アイデアの数を

図4-21　マトリックス発想の方法

ニーズとマーケットから新用途・新製品アイデアを発想する
Seeds
Market
Needs
電気・電子
ロボット
環境計測
医療・健康
高精度に計測できる
複雑な動作ができる
微量な化学物質を検出できる
マーケットをキーとして未充足ニーズはないか
ニーズをキーとして新市場・新用途はないか
すでに記載のあるセルの上下左右に応用できないか
すでに記載のあるセルの新たなアイデアはないか
アイデアの量を出す

出していく（図4-21）。

筆者の経験でも、ある電線メーカーでは10名ぐらいでSN変換を実施し、100以上のアイデアを得ることができた。

SN変換の実践

図4-22は、ICタグのSN変換の例である。

SN変換は、1～2年に1回など、定期的に実施することをお勧

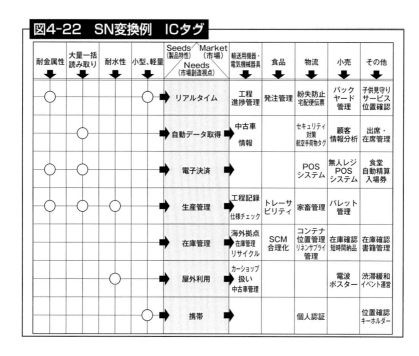

図4-22 SN変換例 ICタグ

耐金属性	大量一括読み取り	耐水性	小型、軽量	Seeds(製品特性)／Market(市場) Needs(市場創造視点)	輸送用機器・電気機械器具	食品	物流	小売	その他
○			○	リアルタイム	工程進捗管理	発注管理	紛失防止宅配便伝票	バックヤード管理	子供見守りサービス位置確認
	○			自動データ取得	中古車情報		セキュリティ対策航空手荷物タグ	顧客情報分析	出席・在席管理
○	○			電子決済			POSシステム	無人レジPOSシステム	食堂自動精算入場券
○	○	○		生産管理	工程記録 仕様チェック	トレーサビリティ	家畜管理	パレット管理	
				在庫管理	海外拠点在庫管理リサイクル	SCM合理化	コンテナ位置管理リネンサプライ管理	在庫確認短時間納品	在庫確認書籍管理
		○		屋外利用	カーショップ扱い中古車管理			電波ポスター	渋滞緩和イベント運営
			○	携帯			個人認証		位置確認キーホルダー

めする。マーケティング活動を進めていくと、「顧客からこんな依頼もあった」とニーズが追加され、それに応じたアイデアが追加される。また、これまでは表の左から右に展開してきたが、このニーズを達成するにはシーズをもっと強化しなければならないといった、右から左への展開も可能である。

つまり、右左を行ったり来たりしてSN変換表をブラッシュアップしていく。SN変換表は部署内で共有し、いつでも自社の技術の用途アイデアが見えるようにしておくと、テーマ探索の議論が活発化するし、経営者にとっても開発部門への期待が高まる。

5章

技術の出口を作る

　強み技術を活かし、新製品・新サービスを作り上げていくには、真の顧客ニーズの探究が欠かせない。また、中長期的なテーマ創出では、これまで持っている技術に限らず、新技術の獲得によって将来の提供価値を構想し、将来ニーズに対応していかなければならない。

Contents

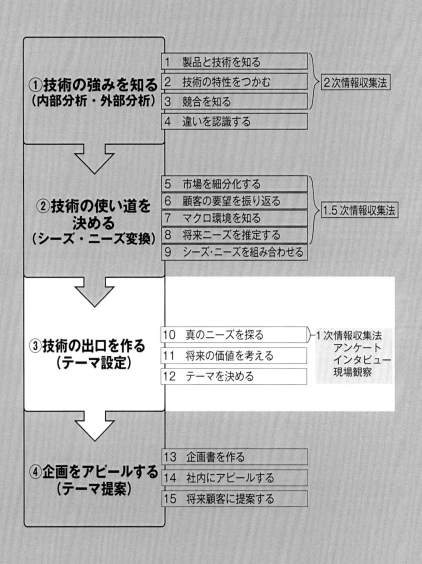

①技術の強みを知る
（内部分析・外部分析）

1 製品と技術を知る
2 技術の特性をつかむ
3 競合を知る
4 違いを認識する

2次情報収集法

②技術の使い道を
決める
（シーズ・ニーズ変換）

5 市場を細分化する
6 顧客の要望を振り返る
7 マクロ環境を知る
8 将来ニーズを推定する
9 シーズ･ニーズを組み合わせる

1.5次情報収集法

③技術の出口を作る
（テーマ設定）

10 真のニーズを探る
11 将来の価値を考える
12 テーマを決める

1次情報収集法
アンケート
インタビュー
現場観察

④企画をアピールする
（テーマ提案）

13 企画書を作る
14 社内にアピールする
15 将来顧客に提案する

ステップ10　真のニーズを探る

1次情報収集の方法

　これまで述べてきた2次情報、1.5次情報は、基本的に仮説を立てるための情報収集である。自社の技術をどの分野で展開していくか、どのような製品・サービスにしていくかという方向性を立てるためのものである。方向性が定まったら、そこに本当にニーズがあるかどうか、公開情報では見えないニーズを調べる必要がある。そこで生の情報、つまり1次情報の収集が不可欠となる。1次情報を得るには、アンケート、インタビュー、現場観察といった方法がある（図5-1）。それぞれの進め方について、以降で解説する。

図5-1　1次情報とは

1次情報とは
- 情報源となる独自の情報
- 直接的に体験から得た情報
- 公的機関が発表する情報など

1次情報の収集方法
- インタビュー・アンケートによる調査
  個人に帰属する情報はインタビューで、
  集団に帰属する情報はアンケートで
- 現場観察

2

アンケート

♦ アンケートの目的

文献情報には過去のものが多く、今現在の市場の実態を反映していない場合がある。開発テーマがある程度絞られた段階で、今の情報を定量的に得る方法がアンケートである。

アンケートの手順は図5-2の通りである。

◆目的

2次情報、1.5次情報では把握できない生の情報を収集する。定量情報として統計的な傾向を見る。

◆使い方

・定量的に仮説を検証する

・定量的な傾向から自社の仮説を再設定する

♦ アンケートの手順 -1　調査目的の確認

まずはアンケート調査の目的を確認する。ややもすると、アンケートの実施が目的になってしまう。アンケートはあくまで手段であり、目的によってはアンケートが適さないこともある。調査の前に、どのようなことを導き出したいか、それは何によって判断できるのかを明らかにしてから臨む。つまり、調査で導き出したいアウ

図5-2　アンケートのステップ

1　調査目的の確認

2　自社／外部の決定

3（外部の場合）調査会社の選定

4　対象者の選定

5　調査方法の決定

6　設問の設計

7　実査

8　集計

9　結果の分析

トプットを決めたうえで、どのような情報が必要か？　そのために
はどのような調査を行う必要があるか？　と目的から手段を考える
のである（図5-3）。

　アンケート調査の目的を認識するためには、以下のことを押さえ
る。

・どのような情報が不足しているのか

　これまでの2次情報、1.5次情報で得られた情報を集約し、得た

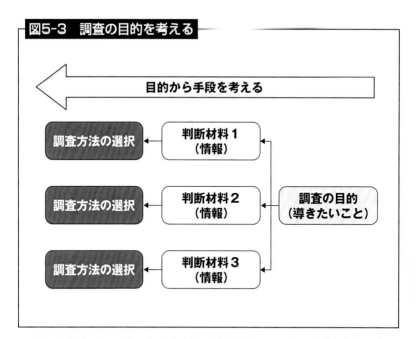

図5-3　調査の目的を考える

目的から手段を考える

調査方法の選択	←	判断材料１ （情報）
調査方法の選択	←	判断材料２ （情報）
調査方法の選択	←	判断材料３ （情報）

調査の目的
（導きたいこと）

い情報に対して、どのような情報が不足しているのかを明確にする。たとえば、顧客の今後のニーズを知りたいとする。これまで得られた情報で昨年までのニーズは把握できたが、今年や来年のニーズが不足しているとすれば、アンケートでは今年と来年のニーズに集中すればよい。**充足情報と未充足情報を識別する**のである。

・得たい情報はアンケート調査に適しているか

　たとえば開発テーマの５〜10年後のニーズを知る必要があるとき、それをアンケートで調べるのは限界がある。アンケートは現在や過去の実態、意識・行動を基礎に答えてもらうもので、「数年先に何が必要か」と将来のことを聞かれても明確に答えるのは難しい。

　先のニーズは２次情報、1.5次情報をできるだけ多く集めて動きを把握したうえで、あとで述べるインタビューで定性的に把握した

ほうがいい。

　一方、記事などで得られたニーズについて、世の中でどれくらいの人たちが同様のニーズを持っているのかを調べるには、アンケートが適している。どのニーズが上位か？　どのニーズが増えているか？　といった傾向を把握するのにも適している。

　また、アンケートには選択回答式と自由回答式があるが、いずれも表面的な情報にならざるをえないことを意識しておく。設問、回答いずれも文字数が限られるし、面識のない同士であると話の深さに限りがある。深い情報を得るには、あとで述べるインタビューが適している。これらの状況を踏まえて、アンケート調査に適しているかどうかを判断する。

📊 アンケートの手順 -2　自社／外部の決定

　次に自分たちで調査をするか、外部に委託するかを判断する。当然のことだが、外部に委託すると調査費用がかかる。

自社による調査のメリット
・費用が少なくて済む
・対象者への安心感（調査会社名より、自社名のほうが安心して回答してくれる）

自社による調査のデメリット
・対象者の母数が少ない、偏りが生じる
・情報流出
・自社名による偏見

自社でのアンケートが可能になる前提は、対象者のメールアドレスなど連絡先リスト、またはリアルの接点があることである。

　新市場開発は対象者がわからないことが多いので、自分たちでアンケート調査は行いにくい。ただ、BtoCビジネスの場合、社員の家族、知人の中にターゲット顧客層が含まれていれば、その層にアンケートを実施することは可能である。

　対象者のリストがあるなら、**偏りがないこと**を確認する必要がある。偏りとは、全国的な傾向が見たいのに社内のリストは東日本に集中しているなど、対象者リストが世の中一般と比べて構成や比率が異なること意味する。

　筆者の経験では、住宅事情を聞きたくて従業員の家族にアンケートを実施したところ、社外アンケートと意見が大きく異なった。理由は、従業員家族の所得が世間標準より多かったためである。

　自社で実施すると、自社名が出ることがデメリットになることがある。1つは情報流出である。自社が進出を考えている分野を競合に知られてしまうこともある。顧客から情報が洩れることを意識する。

　2つめは、営業担当を通じて顧客にアンケートを行うと、営業担当との関係や対応の満足度が回答に反映されてしまう点だ。たとえば営業担当と懇意の顧客の回答は甘くなり、クレームが多い顧客からは辛口の回答になる。このように自社で実施すると不都合が生じる場合は外部の調査会社に委託することになる。

アンケートの手順 -3　調査会社の選定

　調査会社に委託する場合、最初に行うのが調査会社の選定である。

過去に依頼した会社や社内外の人脈で知っている会社があれば、まずはそこに問い合わせる。やはり口コミが一番である。

調査会社がわからない場合、BtoCビジネスでは、生活者調査をしている調査会社が候補になる。雑誌記事などに「○○会社調べ」と書かれたアンケート結果が出ているので、注意して見ておく。

調査会社は複数社から選定するのが一般的である。BtoCビジネスの場合は、不特定のモニタを持っていれば結果に大きな差は出にくいので価格、サービス範囲、接客対応といった点が評価基準となる。とくにWebアンケートは、実査自体は数日で終わるので、調査設計のすり合わせが重要となる。不慣れな場合、対応をしっかりしてくれる事業者だと安心できる。

BtoBビジネスの場合、対象モニタを有しているかどうかがポイントになる。BtoBビジネスの調査会社はメディアへの露出がほとんどないので、口コミで探さざるをえない。社内につながりがないときは、情報収集のセミナーなどで講師に質問すると答えてくれる。

📊 アンケートの手順 −4　対象者の選定

アンケート調査の対象者をリストから選定する。対象者にはターゲットとするコアユーザーだけでなく、サブユーザーや周辺ユーザーも含める。コアユーザーとの傾向の差を見たり、実は**サブユーザーに新たなターゲットがいたりするため**である。ただ、ターゲットの幅を広く取りすぎると調査工数や費用が嵩むため、調査上、捨てる対象（ノンユーザー）をはっきりさせておく。

次にセグメンテーションに従い対象者を区分し、セグメンテーションごとに対象者数を割りつける。セグメントごとの偏り（年代

による男女比など）がないよう配慮する。

📊 アンケートの手順 −5　調査方法の決定

　対象者の選定と同時に、アンケートの方法を決める。BtoCビジネスではWebアンケートが主流ではあるが、Webはターゲットユーザーの顔が見えないので、ユーザーの顔を見ながら調査を行いたいのであれば、会場アンケート、現地アンケートなどの方法を採る。また80代の高齢者などWeb接触機会が少ない層だと、モニタは比較的アクティブな層で構成されるので、結果が好意的なものに偏りやすいことに留意する。

　BtoBビジネスではメールアドレスがわかっているユーザーに対してWebアンケートを行うことが多いが、**営業担当の口添え**も不可欠である。また、営業担当が直接顧客に面談して、顧客の回答を聞いてアンケート票に記載することもある。自社主催のセミナーや展示会でアンケートを実施するケースも多い。

📊 アンケートの手順 −6　設問の設計

　自社による調査、外部委託にかかわらず、アンケートの設問設計は不可欠な要素であり、アンケート調査の肝とも言える。ポイントは、**答える側に立って内容や順序を設計する**ことである。

　いきなり調査の個票に入るのではなく、まずは設問のロジックをストーリーボードで考えてみる（図5-4）。

　どのような構成で聞いていくと、答える側が違和感なく、かつ聞きたいことに答えてくれるかを十分に検討する。

5章

技術の出口を作る

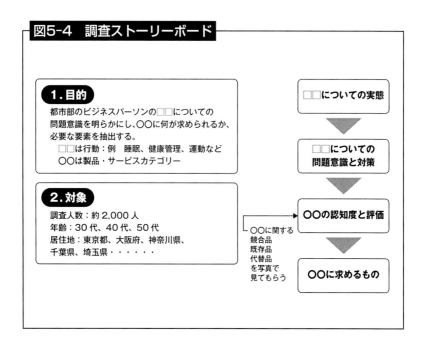

図5-4　調査ストーリーボード

1. 目的

都市部のビジネスパーソンの□□についての
問題意識を明らかにし、〇〇に何が求められるか、
必要な要素を抽出する。
　□□は行動：例　睡眠、健康管理、運動など
　〇〇は製品・サービスカテゴリー

2. 対象

調査人数：約2,000人
年齢：30代、40代、50代
居住地：東京都、大阪府、神奈川県、
千葉県、埼玉県・・・・・・

□□についての実態

↓

□□についての
問題意識と対策

↓

〇〇の認知度と評価

↓

〇〇に求めるもの

〇〇に関する
競合品
既存品
代替品
を写真で
見てもらう

　前振りが長すぎて、本当に聞きたい設問の数が足らなくならない
よう、全体バランスを俯瞰する。マクロ→ミクロで設問を掘り下げ
ていくのが基本で、話が飛んでいないか確認しなければならない。
たとえば素材や部品ビジネスで最終ユーザーにアンケートをとると
きは、まずユーザーが使う製品の話、次にその製品に使われている
部品や素材の話をする。

　ストーリーボードができたら、個別の設問の設計に入る。図5-5
は設問の例である。選択回答式か自由回答式か、単一回答か、複数
回答かを決めながら設問を構成する。

　設問数は多すぎると回答者の負担が大きくなり、回答を途中でや
めたり、複数回答の選択数が減ったり、自由回答が書かれなかった

図5-5　調査設計の例

Q. あなたの1日の平均睡眠時間をお答えください。(SA)
①3時間未満　②3〜5時間　③6〜7時間　④8時間以上

Q. 睡眠に関して困っていることをお答えください (MA)
①睡眠が浅い　②疲れが取れない　③寝つきが悪い　④眠気がとれない
⑤いびき　⑥はぎしり　⑦枕が変わると眠れない　⑧その他 (自由回答)

Q. あなたが睡眠に関して、ここ2〜3年のうちで対策をしていることをお答えください。(MA)
①枕を変える　②マットレスを変える　③音楽をかける　④照明を変える
⑤香りを変える　⑥お酒を飲む　⑦サプリを飲む　⑧薬を飲む　⑨運動をする
⑩入浴時間を変える　⑪何もしていない

Q.〇〇についてご存じですか (SA)
①良く知っており利用している　②良く知っており以前利用した
③知っているが利用したことはない　④名前は聞いたことがある　⑤知らない

　Q.①②をお答えの方、〇〇についての不満をお聞かせください (MA)
　①使いづらい　②使用方法がわからない　③使用していて汚れる
　④デザインが気に入らない　⑤最後まで使いきれない
　⑥□□を使うのが面倒　⑦大きすぎる　⑧持ち運びに不便　⑨価格が高い
　⑩その他 (自由回答)

　Q.③をお答えの方、使わない理由をお聞かせください (MA)
　①使いづらい　②使用方法がわからない　③使用していて汚れる
　④デザインが気に入らない　⑤最後まで使いきれない
　⑥□□を使うのが面倒　⑦大きすぎる　⑧持ち運びに不便　⑨価格が高い
　⑩その他 (自由回答)

　Q.①②をお答えの方、〇〇について効果の実感はありますか (SA)
　①効果が感じられる　②どちらともいえない　③効果を感じない

Q. どのような〇〇であれば利用したいと思いますか (MA)
①毎日利用できる　②短時間で利用できる　③場所を選ばず利用できる
④場所を汚さない　⑤デザインが格好良い　⑥コンパクト　⑦軽い
⑧価格が安い　⑨その他 (自由回答)

Q.〇〇 こんな機能や要素があると嬉しいと思うことをお聞かせください (自由回答)

りするので、全体で20問以内にとどめる。

　自由回答ばかりになると統計的根拠によるアンケートの意義が薄れてしまうので、自由回答のみの質問は３問以内にとどめる。とはいえ自由回答欄を設けることで、思わぬ気づきやキーワードを得ることができるので、その他（自由回答）や自由回答の設問は外せない。

　設問を設計できたら、まずは内部で回答してみて、答えやすいか、負担がないかを必ず点検する。

　海外のアンケートは翻訳者による翻訳に加え、現地ネイティブの人に見てもらい、意味が通じるかどうかの確認が必要となる。外国語にない技術表現の場合、訳し方によって誤解を招くことがあるので注意する。

　参考までに、営業担当が訪問して行うアンケートのイメージを図5-6に示しておく。

📊 アンケートの手順 -7　実査

　自社でアンケートを実施する場合は、アンケートの画面設計またはアンケート用紙を作成し、依頼文とともにアンケートを発信する。アンケートの期間は内容にもよるが、たとえばメールのやり取りなら２週間、営業担当が訪問して回収するなら４週間といった期間設定を行う。

📊 アンケートの手順 -8　集計

　アンケートの集計には単純集計とクロス集計がある。単純集計は

図5-6　営業による直接聞き取りのアンケート例

I　製品について

Q1　当社の〇〇製品の満足度をお聞かせください。

	満足	どちらかと いうと満足	どちらかと いうと不満	不満	扱いがないの でわからない	不満の理由
AA	☐	☐	☐	☐	☐	
BB	☐	☐	☐	☐	☐	
CC	☐	☐	☐	☐	☐	

Q2　当社の〇〇製品の比較対象の製品は何ですか？
**　　比較対象の製品が優れている点はありますか？**

	比較対象製品	比較対象製品が 優れている	比較対象製品が 優れている点
AA		☐	
BB		☐	
CC		☐	

Q3　〇〇製品について今後、どのようなことが求められますか？

Q4　〇〇製品についてご意見・ご要望をお聞かせください。

全体またはセグメントについて、1つひとつの設問にどれくらいの人が答えたか、数や比率を見るものである。クロス集計とは設問をかけ合わせ、ある設問の回答傾向を、別の設問の回答別に見るもので、回答結果をより詳細に把握することができる。回答者の属性によって回答の傾向の違いを見たり、YESとNOによって回答の傾向を見たりといったやり方である。ステップとしてまず単純集計で全体を俯瞰し、次に深く知りたい部分、ポイントとなる部分の設問をクロス集計で深掘りする。

📊 アンケートの手順 -9　結果の分析

　最後は結果の分析である。調査会社から得られるのは調査結果までで、結果をどう解釈するかは開発者自身に求められる。収集した結果に基づいて、分析作業が必要となる。図5-7に分析のイメージを示した。

　アンケート調査結果はあくまで表層的な事実なので、調査結果からの解釈が必要となる。1つの調査結果から1つの解釈をすることもあるし、複数の調査結果から1つの解釈をすることもある。解釈とは「こう読み取れる」という考察の域にとどまるものだが、「事実に基づくと確かにそう捉えることができる」といった納得感がなければいけない。したがって、調査結果から外れる解釈、結果と矛盾する解釈は問題外である。

　たとえば調査結果で「今の製品に不満」、別の調査結果で「製品選択の重視点は性能」というのであれば、「性能に潜在的な不満があると考えられる」という解釈となる。こうした解釈を踏まえて、

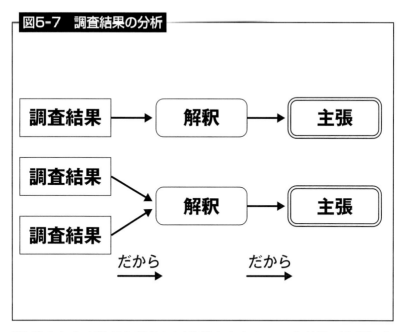

図5-7　調査結果の分析

「他社よりも高性能な製品に可能性あり」といった結論（主張）を明確にする。

インタビュー

📊 インタビューの目的

　インタビューは定性情報として1人または複数人を対象に、詳細内容や理由を聞くものである。それによって、まだ知られていない実態の把握が可能となる。インタビューとアンケートを組み合わせて実施すると、より有効な調査となる。たとえば、まずアンケートで広く調査を行い、関心の高い層にインタビューを実施して深層を探る、あるいはインタビューで得た個別ニーズが他にどれくらいあるかをアンケートで確認するといった使い方である。

　インタビューは2次情報、1.5次情報の検証としても実施される。たとえば、「ニュースリリースに出ていたが真相はどうか？」といった検証である。

　つまりインタビューは、**「まだ知られていないことの手がかりの発見」**と**「すでに知られていることの検証」**という2つの狙いを持つ。

　◆目的
　　2次情報、1.5次情報では把握できない生の情報を収集する。
　定性情報としてニーズの背景や理由を発見する。
　◆使い方
　　・定性的に仮説を検証する
　　・背景や理由から自社の仮説を再設定する

📊 インタビューの手順 -1 調査目的の確認

　インタビューの手順は図5-8の通りである。アンケートと同様、何のためにインタビューを行うのかを明確にする。どのような情報が不足しているのか？　得たい情報はインタビュー調査に適しているか？　を確認する必要がある。社外へのインタビューはアレンジや日時調整など工数がかかるし、外部委託すると1件あたり○○万円と費用も相当かかるので、「なぜインタビューが必要なのか」を明確に説明できなければならない。

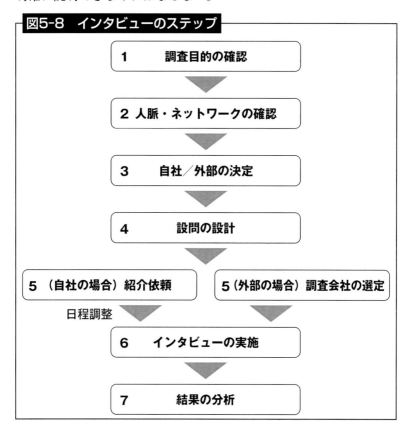

図5-8　インタビューのステップ

1	調査目的の確認
2	人脈・ネットワークの確認
3	自社／外部の決定
4	設問の設計

5 （自社の場合）紹介依頼　　5（外部の場合）調査会社の選定

日程調整

| 6 | インタビューの実施 |
| 7 | 結果の分析 |

テーマ探索の初期段階で、候補が数十テーマある時点では、1つひとつインタビューするとかなりの負担になるので、まずは2次情報、1.5次情報に基づいて優先順位をつけ、テーマが絞り込まれた段階でインタビューを実施するのが有効である。

📊 インタビューの手順 -2
　　人脈・ネットワークの確認

　次にインタビュー先の確認である。既存顧客へのインタビューは、その顧客の営業担当を確認する。既存顧客以外の場合は、社内の人脈でアプローチが可能かどうか確認する。

　新市場展開の場合、そもそも顧客のニーズが直接入ってこない状態からスタートするので、人脈がないことでストップしてしまう。この場合は、できるだけ多くの社員に知り合いがいないか発信してみる。社長や役員など社外人脈を多く持つ人たちにも協力を仰ぐ。筆者の経験では、プロジェクトメンバーの親類縁者まで探したケースがある。いずれにせよ、**活用可能な社内人脈はすべて使う**くらいの勢いで臨まないと新市場へのアプローチは進まない。

　金融機関とのつき合いがある経理部門のルートで顧客を紹介してもらう方法もある。ただし、金融機関経由は窓口が経理部門なので、そこからさらに紹介してもらえるかを確認しなければならない。

📊 インタビューの手順 -3　自社／外部の決定

　BtoBビジネスは業界ごとに専門性が高いので、基本的には社内人脈で実施する。外部に頼んでも、技術知識や業界知識がないとイ

ンタビューそのものが成立しなかったり、聞く内容が抽象的になったりするためである。

インタビュー対象の部門も重要である。将来の新製品・新サービスを聞きたいのであれば、それについて考えているであろう企画部門や研究開発部門でなければならない。

自社の営業担当が普段つき合っているのが購買部門や資材部門だとすると、現在のニーズは答えてもらえても、将来のニーズはわからない。その場合、窓口部門からインタビューに適した部門を紹介してもらう必要がある。社長や役員人脈も同様で、紹介してもらえるのが相手先の社長や役員であれば、現場部門を紹介してもらう必要がある。BtoBビジネスは、その部門まで社内人脈でたどり着けるかどうかがポイントなのである。

生活者に聞くときも、モニタや社員関係者がインタビュー先として適しているかどうか確認しなければならない。

適切なインタビュー先が社内にない場合には、外部に委託するというステップになる。

ᐧᐧᐧ インタビューの手順 -4　設問の設計

アンケートと同様、聞きたい質問項目を設計する必要がある。インタビューは、**相手の提供してくれる情報の質と量でその成否が決まる**ため、聞くべきことを事前に決めておくことが欠かせない。質問が十分に準備されておらず、行き当たりばったりで話を聞くと、話が横道に逸れて肝心の話を聞き逃したり、時間切れになったりして、せっかくの面談が水の泡となる。

自社で調査する場合でも外部委託でも、調査設計がしっかりでき

ることは開発者にとって必要条件である。

　基本は、質問の順序に注意し、**一般的な質問や回答しやすい質問から始め、回答しづらい質問は最後に回す**ことである。まずは日常的な内容や実態把握から入り、聞きたい核心に近づいていく。

　図5-9は、カーシェアリングビジネスのニーズ収集のため、現在レンタカーを利用している会社にインタビューするときの質問項目例である。

　図5-10は、流通に競合品の評価やユーザーからのニーズを聞く場合のイメージである。

　インタビューでは、4章で示したように「○○が欲しい」といったモノのニーズだけでなく、「○○がしたい」といったコトのニーズも発掘する。特に製品化されていない段階だと、顧客はコトの

図5-9　顧客調査の例

●質問項目
- **利用目的**
- **利用場所**
- **利用時間・時期**
- **利用頻度**
- **支払い可能金額**
- **利用決定要因**
- **意思決定者**
- **利用ニーズ**
- **○○に対する関心**
- **条件・課題**　　　　**など**

図5-10　流通へのインタビュー

ライバル品のピックアップ

他社〇〇品について

Q1　その製品はどの顧客層（用途）で販売量が伸びていますか？

Q2　Q1で伸びている場合、または伸びていない場合、その理由は何ですか？

Q3　その製品の問題点、改善すべき点をあえてあげるとすれば何ですか？

会社名		お客様名		担当	

ニーズはあっても、モノのニーズが出てこない。つまりニーズが潜在しているということになる。そのときはコトのニーズを聞き出す質問をしなければならない。

コトのニーズを聞き出す質問を図5-11に示す。

📊 インタビューの手順 -5 （社内の場合）紹介依頼

社内の人脈を活用してインタビューを行う場合は、紹介してもらえる相手に紹介依頼をしなければならない。その際に重要なのは、**相手の納得が得られるインタビューの目的を伝える**ことである。

新製品・新サービスのニーズを聞きたい場合は素直に「現在〇〇部では3〜5年先の新製品のタネを探しており、お客様にニーズをお聞きする活動をしている」と伝え、協力が得られるインタビュー

5章

技術の出口を作る

159

図5-11　コトのニーズを引き出す質問の仕方

インタビュー（グループインタビュー）設計の例

調査課題・・・未充足ニーズを把握する

調査項目 例

- ✓ ○○とそれに伴う不満や満足を話題の中心にして話してください

- ✓ ○○に関してほとんど諦めていて仕方なくやっていることや、逆に諦めてやっていないことを話題の中心に話し合ってください

- ✓ ○○の中でおっくうだけど終わると嬉しいという作業を思い出し、互いに紹介しあう形で話し合ってください

- ✓ ○○の中で、やりたくないけどやらなければならないこととその理由について話し合ってください

- ✓ ○○の中で、やりたいけどできない、やっていない、難しいこととその理由について話し合ってください

先を紹介してもらう。趣旨を文章にして、依頼することが必須である。

　こうした趣旨が正しく伝わっておらず、いきなり営業と同行すると、相手は普段つき合いのある営業と一緒に違う部門の人間が来て当惑してしまう。趣旨を事前に伝えていれば、詳しい人を呼んでくれることもある。

「3〜5年先の新製品」と言っておくのも大事で、単に「ニーズを聞かせてください」だけだと、「明日持ってきて」と言われかねない。

　紹介してくれる人がそのままコピペして紹介相手に送りやすいような趣旨文の準備が必要である。何を聞きたいか質問項目も添えておくが、あまりにも質問が多いと敬遠されたり、たらい回しされたりするので、大項目として次のような3つくらいを用意しておく。

　・現在お使いの製品の評価について

・貴社の今後の課題について

・製品への今後のニーズについて

・その他

　実はその他にいろいろと聞きたいことがあるわけだが、それは当日の雰囲気や先方の時間の余裕で判断する。インタビュー時間は30分くらいを要望しておき、先方の都合にもよるが、当日話が弾めば1時間程度は許されることが多い。

　図5-12は趣旨書のサンプルである。表題を「面談」としているの

図5-12　インタビュー趣旨書サンプル

貴社の「○○に関する課題」に関する面談のお願い

拝啓

貴社、ますますご清栄のこととお慶び申し上げます。

現在、△△では○○領域における新事業開発を行っており、弊社として○○に貢献できる事業を探索・検討しております。

その一環といたしまして、○○領域で事業を展開されております貴社に、○○の実情や課題に関して、ご意見を拝聴できればと考えております。

そこで、お忙しい中大変恐縮ではございますが、貴社ご担当様のお時間を頂戴し、下記に示します内容を中心にお話をお聞かせいただきたく存じます。

誠に恐縮ではございますが、ご理解賜り、ご協力いただけますよう、何卒よろしくお願い申し上げます。

敬具

お聞きしたい内容

貴社の○○に関する取り組み状況および課題について

貴社の○○の今後の取り組みと課題について

※その他、差し支えのない範囲でお話を伺えればと考えております。

訪問者(予定)

□□より　1～2名

※時間は30～40分程度を想定しております

弊社事務局

・㈱日本能率協会コンサルティング　池田　裕一　　（Tel：080- 　　- 　　）

は、インタビューという言葉に身構えてしまう相手もいるからである。

インタビューは点の情報なので、1人だけの情報から判断するのは危険である。アンケートのような統計的な母数は必要ないが、最低でも3者（3社または3人）、可能であれば10者以上から話を聞きたい。

ᴵᴵᵖ インタビューの手順 -5
　（外部の場合）調査会社の選定

　調査会社を選定する際には、アンケートと同様、複数社から提案をもらう必要がある。アンケートと同様、BtoCビジネスであればモニタを有している調査会社は多いので、その中からの選択となる。

　一方、BtoBビジネスではインタビュー先とのルートがないと調査が成り立たないし、業界の専門性が高いので得意・不得意が大きく分かれる。

　BtoB、BtoCいずれにしても口コミでの紹介が第一である。とくに海外調査で海外の調査会社にはじめて依頼するとなるとコミュニケーションギャップが大きいし、筆者の経験だと多額の調査費用を求められたことがある。

　2〜3社からの提案をもらうことが妥当であるが、次のようなA社とB社があったときに、どちらを選ぶべきか。A社はこちらの要求仕様をコピペした提案書で価格が安い、B社は要求仕様に工夫や自社の提案を加えた提案書で、A社に比べやや高い。

　調査がはじめてのときは、B社のほうが信頼できるかもしれない。

　つまり、調査経験があれば、こちらの素人設計の質問から、「ちゃ

図5-13 調査会社の種類

種類		特徴
専門調査会社	BtoC系	自社でモニタを持つ、または他社モニタ活用 独自に調査を行い、調査結果を販売しているところもあり
	BtoB系	基本的にはクライアントの依頼に応じて取材調査を実施 業界の得意・不得意がある 信用調査会社、金融系調査会社など
コンサルティング会社		調査結果の報告のみならず、クライアントへの提言・助言を行う（調査は業務の一部） コンサルティング会社によっては、調査会社に再委託する
広告代理店		広告業務の前工程としてマーケットリサーチを行う

んと答えてくれないだろう」とわかるわけで、「こういう聞き方のほうが答えてもらいやすい」という提案があって然るべきである。

特にBtoBビジネスは業界の特殊性があるので、その**業界特性を踏まえているかどうか**が重要である。必ず、「うちの業界での経験がありますか？」と質問しなければならない。

途上国の調査をする場合には、先進国しかやったことがない調査会社では不安である。先進国と途上国では調査ノウハウが異なるため、途上国調査の実績の有無を確認しておかなければならない。

図5-13は調査会社の種類を示している。

BtoBにおける専門調査会社はインタビュー先との接点が必要なため、可能な調査会社は限られる（信用調査の会社、調査レポート発行会社、金融機関のグループ会社など）。

インタビューは、訪問調査、フォーカスグループインタビュー（複

数人に集まってもらうインタビュー形式)、パーソナルインタビュー（1人に対するインタビュー形式）があるが、いずれもインタビュアー（インタビューする人）のスキルが求められるので、面談して判断する。

特にグループインタビューのインタビュアー(モデレータと呼ぶ)には、**参加者に深い質問をしたり、参加者同士の発言が次々出るように話を進行する高いスキルが求められる**。試作品がない段階では、何に困っているかを聞き出す必要があるので、高度なスキルが要求される。

なお、生活者インタビューの詳細はリサーチの専門書を参考にされたい。

📊 インタビューの手順 –6　インタビューの実施

インタビューの進め方を図5-14に示す。

相手が話しやすい雰囲気を作るために、時間、場所は相手に合わせ、時間厳守である。

事前の情報収集は不可欠であり、その会社のホームページやニュースリリースを見ておくのは当然であるが、たとえば小売店のマネージャーにインタビューするのであれば、その店を事前に観察しておく。

もっと話を聞きたかったのに、所定時間の8割方は自分がしゃべっていたということのないよう、聞き手に徹する。開発者のインタビューでよくあるのが、沈黙を恐れること。相手が黙ってしまうと、間をつながなければならないという使命感から、つい自らべらべらとしゃべってしまうのだ。**黙っているのは十分に考えてくれて**

図5-14　インタビューの進め方のポイント

① 相手が話をする雰囲気を作るために

- ・時間・場所の指定は、できるだけ相手に合わせる。
- ・訪問時刻・インタビュー時間の厳守とともに、服装・言葉づかいに注意し、失礼のないようにする。
- ・基本的な知識を下調べしておく。
- ・聞き手に徹すること。相手から質問を受けた場合を除いて、自分の意見は述べない。
- ・適切なあいづちや、つなぎの言葉をタイミングよくはさみながら話を聞く。

② インタビューの目的を見失わないために

- ・仮説を設定し、インタビューを行い、インタビューの進展に沿って修正し、再構成を繰り返す。
- ・相手の話を取捨選択し、インタビューの目的に沿った話題展開に努める。
- ・初期の仮説や先入観を捨て、誘導質問を避ける。

5章

技術の出口を作る

いる証拠と思って、相手の発言をじっと待つ我慢が必要である。

　適切な相づちやつなぎ言葉（なるほど、そうなんですね）は、相手には「よく話を聞いてくれている」という印象になり、もっと話をしたいという欲求になる。相手の言ったことを繰り返す（相手「○○が多い」→自分「多いんですね」）と、話はさらにつながる。

　もちろん、相手も人である以上、こちらが想定した質問項目通りに話してくれるとは限らない。そのため図5-14の「インタビューの目的を見失わないために」の個所を心掛けてほしい。

　当初の質問項目にこだわりすぎることなく、インタビューの進展

に沿って修正し、再構成を繰り返す。臨機応変のスタンスが大事である。

とはいえ、話がどんどん横道に逸れていくときは相手の話を取捨選択し、相手が不快にならない範囲で軌道修正し、インタビューの目的に沿った話題展開に努めなければならない。

そして、注意すべきは初期の仮説や先入観から**誘導尋問にならないようにすること**である。インタビューでは、肯定的な意見が欲しいがために、どうしても誘導するような質問になりがちだ。すると客観性がなくなり、ニーズを見誤ってしまう。

実施に当たっては、2人以上で臨むのがよい。1人だと質問に窮したり一面的な質問に偏ったりしがちであるが、2人以上いれば、1人が質問をしている間にもう1人が次の質問を考えられるし、メモを取ることもできる。

対面であってもリモートであっても、これらの留意点は同様である。

インタビューの手順 -7　結果の分析

アンケート同様、結果の分析を行う。インタビューは1人の対象者からすべての情報を得ることはできないので、複数の情報を集約し、解釈の作業を行う。ジグソーパズルの要領で断片情報をかき集め、足らないピースは推測を行って全体像を把握することになる。

インタビューは答えを教えてくれるわけではないので、あくまで手掛かりが発見できれば成果である。手掛かりというのは、これまでの2次情報、1.5次情報では得られなかったニーズや隠れた真実のことである。

4

現場観察

現場観察とは、使われている現場、買われている現場、生産されている現場などに自分が身を置き、五感を使って現場の実態を体感するものである。この項で言う現場観察とは、顧客や利用者に了解を得て、インタビューを交えながら現場を見る行動を指す。小売や外食、サービスなど顧客として訪問できる場所や、工場見学など誰もが見学できる場所の現場観察は、2次情報収集と併せて初期段階でどんどん行ってほしい。

小売、外食、サービスの現場であっても、来客フロア以外の場所、たとえば厨房、バックヤード、物流センターについては、インタビュー同様、趣旨書を作成して了解を得たうえでの訪問となる。

したがって、訪問までのプロセスはインタビューと同じなので、ここでは現場観察特有のポイントを解説する。

◆目的

現場を五感で体感することで実態をつかむ。現場情報として、文献や声になっていないニーズを発見する。

◆使い方

・現場で仮説を検証する

・現場の実態から自社の仮説を練り直す

ıılǐ 現場観察計画

　先入観を持たずに現場に行って体感することも大事であるが、未体験の現場は何もかもが新鮮で、どこに着目したらよいかがわからなくなることがある。

　そこで、訪問の直前に、訪問するメンバーで現場観察計画を立てる。計画では、どこにどのような問題点があるかの仮説を立てる。仮説を立てるには、ネットや書籍で情報を得ておく。

　図5-15は途上国の農村部の家庭訪問の例である。

図5-15　現場観察計画

現場観察計画

訪問先	途上国の農村部		チーム名	チームX

観察場所	想定される問題点・ニーズ
キッチン	煮炊きの煙が部屋の中で充満する。
キッチン	サリーを着た女性が調理するときコンロの火が引火しないか？
居間	害虫が多い。
居間	電気が来ていないところは、夜、仕事や勉強ができない。

ılı 現場観察の実践

　こうした計画を立てたうえで現地に行くと、まずどこを見るべきかの焦点が定まる。次に問題点やニーズの実態を見ることになるが、大方、仮説は外れる。

　たとえば「途上国の農村部では衣食住に困っている」と仮説を立てていたのが、室内に入ってみると日本と同等かそれ以上の機能の家電が揃っていたりする。

　仮説と現実にギャップがあるわけで、その**ギャップを意識する**ことが大切である。ギャップは心に残る。そしてその実態に基づいて新たなニーズ仮説が生まれるのである。

　たとえば最先端の家電で調理していても、ごみは分別せずに捨てていたり、機能と嗜好が合っていなかったりといった具合である。

　現場観察では、図5-16に示すように、まずは対応してくれる人に、生活の実態や業務の実態をインタビューする。開始から終了など時間の経過に沿って話してもらうとよい。生活の現場であれば朝起きてから就寝まで、生産の現場であれば材料の受け入れから出荷までというプロセスである。

　次にその流れに沿って全体を俯瞰してみる。いきなり個に入っていくと、それぞれの位置づけがわからないし、個の作業の意味がつかめない。

　次に、現場観察計画で設定した観察個所をじっくり観察する。最後に疑問点、不明点をインタビューで聞き取る。インタビューではその行動・作業がなぜ必要なのかを聞く。一見すると無駄な行動に、

5章

技術の出口を作る

169

実は重要な意味があったり、ルール上決まっていたりする。

　一方、**対象者は当たり前にやっていて無駄や非効率に気づいていないこともあり**、潜在しているニーズを発見することもできる。

　現場の行動を見て、問題・ニーズ・気がついたことをどんどんメモしていく。動画や写真の撮影が許されるなら、撮影していく。

図5-16　現場観察の実施

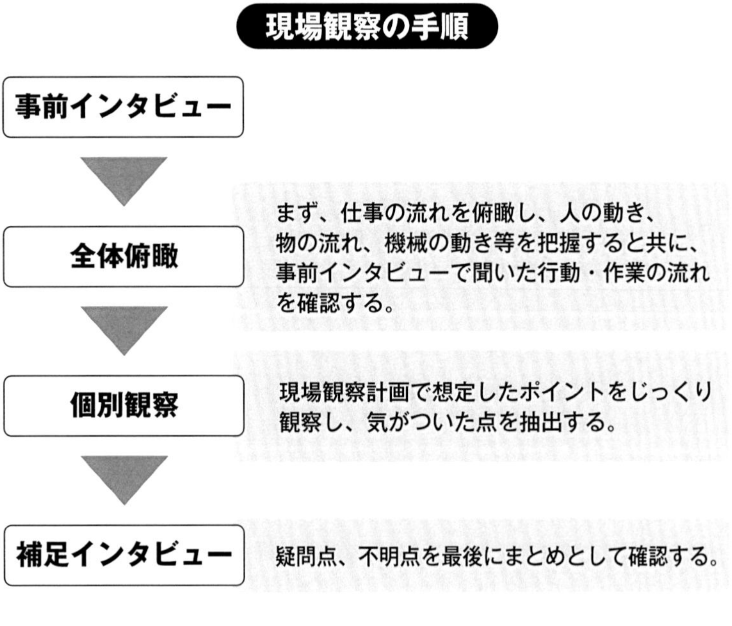

現場観察の手順

事前インタビュー

▼

全体俯瞰
　まず、仕事の流れを俯瞰し、人の動き、物の流れ、機械の動き等を把握すると共に、事前インタビューで聞いた行動・作業の流れを確認する。

▼

個別観察
　現場観察計画で想定したポイントをじっくり観察し、気がついた点を抽出する。

▼

補足インタビュー
　疑問点、不明点を最後にまとめとして確認する。

ニーズを読み解く—
上位ニーズ分析

　1次情報は生の情報であり貴重な情報ではあるが、表出している
ニーズが必ずしも新製品・新サービスのチャンスとは限らない。声
に出ているニーズは現象についてのニーズで、その原因を探ること
で別の解決策が見つかる。

　図5-17は生ごみの例である。声に出ているニーズ「生ごみが臭く
て困る」の解決手段は「臭いを消すスプレーで対処しましょう」と
なりがちだが、そもそもなぜ臭うのか？　という原因を追究する。

　時間の経過によって生ごみが腐ることに原因があるとすれば、
「生ごみを放置せずにその場からなくしたい」が根本のニーズになる。
これを上位ニーズ、つまり表出している現象の上位にあるニーズと
言う。「生ごみをその場からすぐなくす」ニーズに対しては、「生ご
みディスポーザー（処理機）をつける」といった解決方法が思いつ
く。つまり、**原因を探れば別の解決方法が思い浮かぶ**のである。

　図5-18は、住宅に使う材料メーカーで実施した例で、左の個別
ニーズがアンケートやインタビューで得られたニーズである。

　どちらかというとモノのニーズが多いことがわかる。モノのニー
ズにそのまま応えるのではなく、住宅に求める上位ニーズを考えて
みる。つまり、なぜそのようなモノのニーズが出てくるのか、生活
者は何をしたいのか？　を考えるのである。

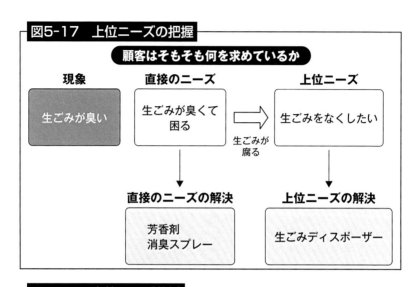

図5-17　上位ニーズの把握

顧客はそもそも何を求めているか

現象	直接のニーズ		上位ニーズ
生ごみが臭い	生ごみが臭くて困る	生ごみが腐る	生ごみをなくしたい

直接のニーズの解決

芳香剤
消臭スプレー

上位ニーズの解決

生ごみディスポーザー

図5-18　上位ニーズ分析

"顧客のより上位ニーズに着目する"

個別ニーズ	住宅に要求される上位ニーズ	課題解決のための対応方法			材料に要求される課題（事業機会）
エアコンが欲しい	1. 快適性の向上	最適温熱環境の維持			高断熱材料
窓を開けたい		適正湿度の維持			吸放湿材料
カビとりが面倒		空気の清浄化	集塵		粉塵吸着材料
・・・			換気		
		静かな環境	遮音・吸音性能の向上		吸・遮音材料
家を補強したい	2. 安全性の向上	耐火性の向上	燃えにくい材料の利用		高耐火、耐熱材
・・・			無燃材料の利用		無煙材料
手すりが欲しい		耐震性の向上	振動エネルギー吸収材の利用		制振材料
			高強度・高靭性材料利用		高弾性材料
		人に優しいつくり	バリアフリー	無段差住宅	
				緩勾配階段、手すり	
			転んでも安全な住宅	緩衝性の高い床	高緩衝材料
				（階段、浴室、居間）	
夏の電気代がかかりすぎ	3. 省エネルギー	断熱性の向上	断熱材料の利用		
太陽光が欲しい			開口部の断熱性向上		
・・・		高気密化			
		太陽エネルギー			
	4. 省施工				

172

そして、その上位ニーズからどのような解決方法があるかを展開し、自社の材料の事業機会に結びつける。

個別ニーズからいきなり事業機会を考えるのではなく、図の左から右に、個別ニーズから上位ニーズへと収束し、そこから解決手段に分散し、事業機会を得る。こうすることでニーズに対して的確な解決方法を見出すことができるのである。

上位ニーズのもう1つの意味として、ニーズの出どころを捉えてみる。材料メーカーの立場だと、ニーズは顧客である部品メーカーから来るが、部品メーカーは完成品メーカーからニーズを得ている。さらに完成品メーカーはユーザーのニーズに基づき、製品を開発している。

図5-19で示すように、**それぞれのレベルにニーズがあり、そのニーズが下位のレベルに影響を与えている**。したがって、材料メーカーが先を見越した製品を開発していくためには、部品メーカーのニーズだけでなく、完成品メーカーのニーズを捉えることも必要となる。上位レベルのニーズは何か？　どう変化するか？　を知ることで、既存事業とは異なるアプローチの製品を考えられるのである。

図5-19のような構図で見てみると、川上産業と言われ、サプライチェーンでは上流に位置している材料メーカーが、顧客のニーズという観点では下流に位置していることがわかる。

ニーズは顧客から生まれることを原則とすれば、積極的により上位のニーズを取りにいかないと新しいニーズ、独自ニーズは得られないことがわかる。

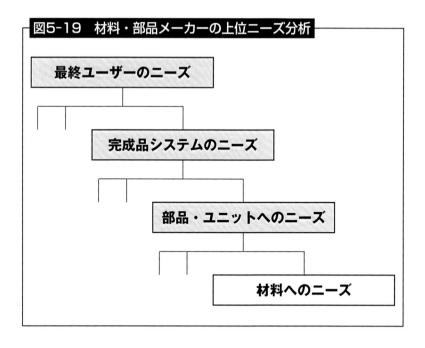

図5-19　材料・部品メーカーの上位ニーズ分析

最終ユーザーのニーズ

完成品システムのニーズ

部品・ユニットへのニーズ

材料へのニーズ

将来技術構想

将来の顧客価値を考える

　1次情報で得たニーズに対し、今の技術で解決できる短期的な製品開発であれば、そのまま製品化テーマとして設定すればよい。

　しかし、中長期的なテーマ、戦略的に競争優位を構築するようなテーマを検討していく場合は、今の技術だけで解決するのでは不十分だ。いち早く製品化できたとしても、他社が同様の技術を持っていたら追いつかれる可能性があるためである。

　したがって、**自社技術を起点に将来できること、やるべきこと**を考えていく必要がある。

　ただ、これまで述べてきたように、技術的に優位であってもそれが顧客にとっての価値につながっていなければ意味がない。将来できること、やるべきことを検討するには、技術の進化だけを捉えるのではなく、それに基づく顧客価値を構想することが不可欠となる。

　将来技術構想とは、図5-20に示すように、技術の進化と用途の進化の2軸で4つのボックスから構成されており、その1つひとつを練っていくことである。

◆目的

　自社としての将来の提供価値を明確にし、独自性を見出す。

◆使い方

　技術の構想を社内で見える化して共有する

◆完成イメージ　図5-20

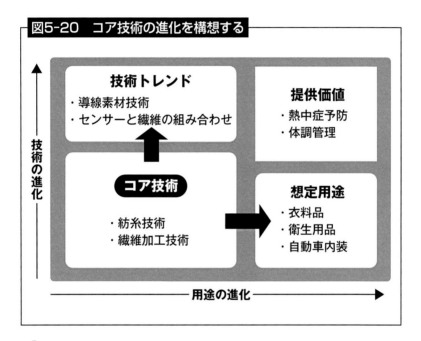

図5-20　コア技術の進化を構想する

技術の進化

技術トレンド
・導線素材技術
・センサーと繊維の組み合わせ

提供価値
・熱中症予防
・体調管理

コア技術
・紡糸技術
・繊維加工技術

想定用途
・衣料品
・衛生用品
・自動車内装

用途の進化

将来技術構想の手順 -1　コア技術の整理

　将来技術構想の手順は図5-21の通りである。

　最初に左下のボックスを記載する。技術資源分析の強み技術がこれに該当する。

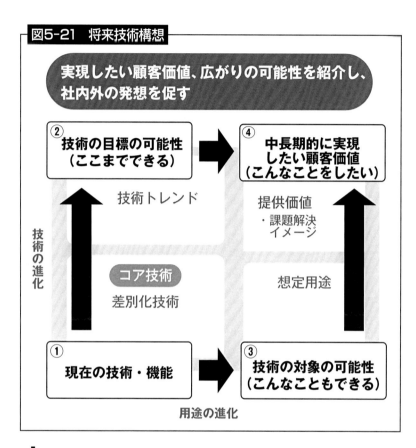

図5-21 将来技術構想

実現したい顧客価値、広がりの可能性を紹介し、社内外の発想を促す

② 技術の目標の可能性（ここまでできる）

④ 中長期的に実現したい顧客価値（こんなことをしたい）

技術トレンド

提供価値
・課題解決イメージ

技術の進化

コア技術
差別化技術

想定用途

① 現在の技術・機能

③ 技術の対象の可能性（こんなこともできる）

用途の進化

📊 将来技術構想の手順 -2　技術の進化

　技術の進化は、3つの視点で捉える。

　1つは、世の中の技術の進化で、図5-21の左下のコア技術が属する技術分野の今後の技術トレンドである。省庁が出している技術ロードマップや技術予測、研究機関の研究開発動向、先端企業のR&D戦略などから読み取っていく。自社が10年先のテーマを検討しているのであれば、向こう10年、あるいはその先の技術トレンドということになる。その中で、自社が関わるべき技術トレンドを抽

出して書き出す。これは「やるべき技術」である。

　２つめは自社の研究開発テーマである。開発中のテーマ、研究中のテーマ、産学連携テーマなどから、対象とするニーズに関連のあるテーマを抜き出す。つまり、「やれる技術」である。

　３つめはプロジェクトメンバーとして取り組みたい技術である。新製品・新サービスは、開発者のモチベーションが重要な要素である。すでにできあがった技術の改善では、言われたことを着実に遂行するマインドになりがちだが、新製品・新サービスはこれから技術を作りこんで新たな価値を世の中に出していくものなので、やらされ仕事では続かないし、やる気が出ない。むしろ開発者の意欲、熱意が大切で、**自分の開発した技術で世の中を変えたい**といった気概が必要である。コア技術からどのように技術を進化させていきたいか？　コア技術にどのような新技術を組み合わせていきたいか？を表していく。つまり「やりたい技術」である。

　やるべき技術、やれる技術、やりたい技術の３要素で、図5-21の左上を記載する。

将来技術構想の手順 -3　用途の進化

　一方、コア技術の用途の広がりを考えてみる。現在の用途はもとより、こんな市場にもうちの技術が使えるのでは？　といった発想をする。用途の発想は、３章で実施した技術の特性の視点で行う。技術が発現する機能、性能、特徴がどの用途市場に展開できるかを考えるのである。

　BtoBビジネスでは、自由な用途発想が難しいので情報収集が必要である。

情報収集の視点は、「自社の技術で代替できるもの」である。代替できるものの決め方は、同様の機能を有する製品や手段である。シャッターの会社を例にとると、シャッターの機能は「人や物の侵入を防ぐ」ことである。であれば、代替品は柵やゲートなどが該当する。

代替できるものが決まったら、その代替品のメーカーがどの市場でどのような用途に展開しているかをホームページなどから拾い出す。

📊 将来技術構想の手順 -4　将来の提供価値

コア技術、技術の進化、用途の進化から、将来の提供価値を導き出す。顧客のニーズに対してどのような価値を提供できそうか？ニーズにそのまま応じるのではなく、それ以上の価値が実現できないか？　ほかのニーズにも同時に応えられないか？　といったことを構想する。

これこそ独自の価値である。ニーズに応えるだけなら顧客満足（CS：カスタマー・サティスファクション）だが、ニーズ以上であれば顧客感動（CD：カスタマー・デライト）につながる。

将来の提供価値は顧客から言われて作るのではなく、自ら創出すべきで、自社の技術ビジョンである。

📊 将来技術構想の手順 -5　将来技術構想の共有

検討した将来技術構想は、部門内で共有化を図る。技術によってどのような価値を創造するのかを見える化したわけで、いわば技術の将来に向けた羅針盤、技術開発のガイドラインになる。

7

新製品・サービスの
コンセプトを決める

‖‖ コンセプトシートとは

　新製品・新サービスのコンセプトとは、**顧客に提供しようとしているベネフィット（価値）を言葉で表現したもの**を言う。新製品・新サービスは、コンセプトを形にしたものである。

　◆目的
　顧客ごとに提供価値、それを具体化した製品・サービスのイメージを見えるようにする。
　◆使い方
　・提供価値や製品・サービスイメージの共有化
　・作成過程や作成後にアイデアや意見をもらう
　・社内インタビューにおける投げかけ
　◆完成イメージ　図5-22

‖‖ コンセプトシートの作成手順 -1　背景

　背景とは、このテーマに取り組む想い、なぜ取り組むのか、なぜやりたいのかを示すものである。マクロ環境分析における政治、経済、社会、技術などの変化から取り組みの意義を明らかにする。
　新製品・新サービスは新たなチャレンジであり、自らその取り組

図5-22　コンセプトシート

名称	移動健診車	作成者	JMAC

背景	高齢ドライバーの運転免許返納や公共交通の廃止により、 高齢者の病院への通院や健康診断がしにくくなる。 本テーマにより高齢者の移動と健康管理に貢献する。
提供価値	高齢者：移動中に健康診断を行うことで、自己の健康管理ができる 病院：病院に来る前に診断を行うことで、病院内での診断の効率化 　　　を実現する
製品・ サービス イメージ	病院　　　健康診断機器付きタクシー　　　家 データ ・体温 ・血圧 ・脈拍 ・体脂肪　など

みに向けた意志や思いが必要となる。新製品・新サービスは**これま
でにないビジネスであればあるほど芯の通った社内説明が求められ
る**し、顧客に対しても説明が求められる。やらされ意識ではすぐに
くじけてしまう。なぜこのテーマが重要なのか？　どのような社会
問題に目を向けているか？　を示す必要がある。

　顧客や社会にとって求められること、大切なことであれば、その
製品・サービスを開発する意義は大きい。

コンセプトシートの作成手順 -2　提供価値

　SN変換や将来技術構想で明らかにした提供価値であり、課題解
決のイメージである。ただし、**どの顧客に対する課題解決なのか**を
明確にしなければならない。顧客が特定されていないと、提供価値

がぼんやりしたものとなり、顧客から見て「何をしてくれるのか」がはっきりしない。顧客を決めないとその顧客のニーズは深掘りできないわけで、どの顧客に対する提供価値なのかを明らかにする。

便益を受ける顧客が複数の場合は（図では高齢者と病院）、それぞれに対する提供価値を記載する。

📊 コンセプトシートの作成手順 -3
　　製品・サービスイメージ

提供価値を具現化したものが製品・サービスイメージである。提供価値は言葉で表すのだが、言葉は人によって解釈が分かれる。

たとえば途上国という言葉も、ある人は急速に経済発展している国というイメージを持ち、ある人は生活困窮を強いられている国というイメージを持つ。

したがって、イメージを共有するために絵や写真、図形で示すのが、製品・サービスイメージである。もちろんこれから開発していくので、実物の写真や図面はない。Webからイメージに近い写真やイラストを引用したり、自分でパワーポイント図形や素材集から描画するなどしてイメージを作る。

この過程を複数人で進めることで、お互いの思いの理解が進み、共有化しやすい。社内にデザイン経験のある人や絵を描くのが好きな人がいたら、その人に来てもらってこちらが言葉に発したものをどんどん絵にしてもらうのもいいだろう。何も決まっていない中なので着手時は戸惑うことが多いが、こうしたクリエイティブな業務を集まってやると楽しくなり、話も盛り上がる。まずは**実現性よりも可能性、創造性を重視**して、ありたい姿を描いていく。

ᴵᴵᴵᴵ コンセプトシートの作成手順 -4
コンセプトシートの活用

　作成したコンセプトシートの活用場面は、部門内と部門外の2通りある。

　部門内では新製品・新サービスのアイデアの選定として使う。提供価値から、どのような新製品・新サービスが考えられるか複数案を出してコンセプトシートに落とし込む。

　アイデアの選定において、アイデア名だけで○×をつけて評価をしている場面を見かけることがあるが、**アイデアを言葉だけで判断するのは危険**である。先ほど述べたように、言葉の解釈は人によって異なるからだ。現時点で何ができそうか、そのイメージを可視化したうえで評価しないといけない。

　アイデアによっては、提供価値がはっきりしない、製品のイメージが描けないといったことが起こる。こうしたアイデアは、結局、顧客への訴求力がないので、優先順位の低いアイデアということになる。

　部門外では、社内インタビューで使用する。情報収集では、先入観なくフラットな気持ちで聞いたほうがいいが、一方で、「何かニーズはないか」と聞いてもなかなか出てこない。

　コンセプトシートを見せることで、何に注目しているかを伝えて話の内容を集中させる。

　本格的なニーズ把握のためには、次に説明する仮想カタログを作成する必要がある。

8

仮想カタログ

仮想カタログとは

コンセプトシートは開発者の頭の中にあるイメージを可視化して部門内外でアイデアを共有したり評価したりするためのツールであった。社外に対してニーズを聞いたり意見をもらったりするには、もう一工夫する必要がある。それが仮想カタログの作成である。仮想カタログとは造語で、開発着手前に自分たちがどのようなものを開発しようとしているかをカタログ風に描くことによって、顧客に提案しながらニーズを発掘したり、企画を練りこんだりしていくためのものである。

「カタログ風」というのがポイントで、**よいカタログとは顧客から見てよさがひと目でわかるもの**である。一方、開発者が書くコンセプトシートはプロダクトアウトになりがちで、自分たちが書きたいものを書く傾向にある。仮想カタログは顧客の立場に立ってコンセプトシートを見直し、メリットがどこにあるのかを確認するものである。特にフォーマットが決まっているわけではないが、基本的には1枚のシートにまとめていく。

◆目的

自分たちが開発しようとするテーマをカタログ風に描いて、ニーズを発掘し、企画を練り上げる。

◆使い方

・社内の他部門とのコミュニケーションツールとして

・顧客へのインタビュー時に見せることで潜在ニーズを引き
出す呼び水

◆完成イメージ　図5-23

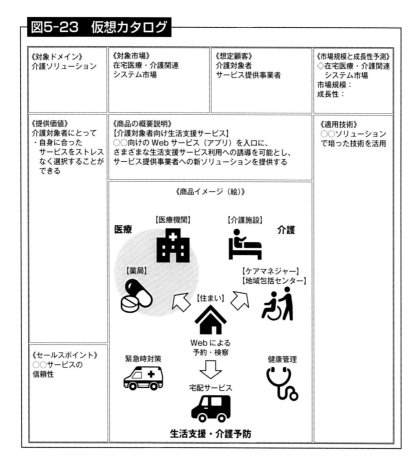

図5-23　仮想カタログ

《対象ドメイン》 介護ソリューション	《対象市場》 在宅医療・介護関連 システム市場	《想定顧客》 介護対象者 サービス提供事業者	《市場規模と成長性予測》 ◇在宅医療・介護関連 システム市場 市場規模： 成長性：
《提供価値》 介護対象者にとって ・自身に合った サービスをストレス なく選択することが できる	《商品の概要説明》 【介護対象者向け生活支援サービス】 ○○向けの Web サービス（アプリ）を入口に、 さまざまな生活支援サービス利用への誘導を可能とし、 サービス提供事業者への新ソリューションを提供する		《適用技術》 ○○ソリューション で培った技術を活用

《商品イメージ（絵）》

医療　【医療機関】　【介護施設】　介護

【薬局】　【ケアマネジャー】【地域包括センター】

【住まい】

Web による
予約・検察

緊急時対策　　宅配サービス　　健康管理

《セールスポイント》
○○サービスの
信頼性

生活支援・介護予防

📊 仮想カタログの作成手順 –1
提供価値の再確認

　コンセプトシートで設定した提供価値を、顧客目線で見直す。顧客にとってうれしいポイント（機能的価値／経済的価値／心理的価値）で再整理するのである。

　機能的価値とは、性能、機能、重量、サイズなどの価値。経済的価値とは価格・費用面での価値。心理的価値とは安心、信頼、ステイタスなど心理面の価値である。何が顧客にとってメリットがあるかを考える。

　提供価値は1つとは限らない。他社が実現している価値も含めて、この製品・サービスのうれしさを記載する。

📊 仮想カタログの作成手順 –2
セールスポイントの決定

　仮想カタログの肝と言えるのが、セールスポイントである。セールスポイントとは**独自性、差別性といった自社の"売り"を表すもの**である。注意しなければならないのは、**技術の売りにならないこと**。売りはあくまで「なぜ、自社を選ぶのか」という顧客の視点で考える。世の中に他社製品・サービスがなければ「ユニークさ」ということになるし、他社製品・サービスがあれば「他社との違い」である。このセールスポイントを簡潔に示すことができないと、他部門や顧客から「これまでと何が違うの？」「もう世の中にありますよね」と言われてしまう。

　セールスポイントは提供価値の中で独自性・差別性のある項目を

ピックアップしてもいいし、別に設定してもいい。

　高機能、高精度、低コストといった文言を使う際、他社製品・サービスがすでにある場合は、それと比べてどれくらいなのかを示す。

　もちろん、これから開発するのだからデータがなく、正確な数値は出せないが、あくまで仮想で、どれくらいの水準を狙っていくかを示さないと、従来との差がわからない。顧客から見てその差が意味のある差なのか、微差なのかによって反応も変わってくる。

仮想カタログの作成手順 −3
製品・サービスの概要説明とイメージ

　コンセプトシートに基づき概要とイメージをあらためて表現する。概要説明では、外部（他部門や経営層も含む）にもわかりやすい用語や表現になっているかを確認する。**見る側の知識と情報レベルを考えて、テクニカルワードの列挙とならないよう留意する。**

　イメージはコンセプトシートで使ったイラストや写真でかまわない。ただ、素材メーカーなどは製品が粉やペレットで、イメージ訴求しにくい。その場合は拡大図にしたり、効果のグラフを貼ったりすることで特徴を出す。サービス業では、提案する業務プロセスをプロセスチャートにするなど、言葉以外の表現を考えてみる。絵はひと目でわかるし、まず絵に視線が行くためイメージは大切である。

仮想カタログの作成手順 −4
適用技術

　コア技術や技術の進化による将来技術を記載する。顧客からは

「提供価値やセールスポイントはわかったが、どうやって実現するのか」という質問が必ず出る。「当社としてはこの技術の活用を考えている」といった実現方法を示す。

📊 仮想カタログの作成手順 −5　対象ドメイン、 対象市場、対象顧客、市場規模と成長性予測

　これらの欄は社内用である。他部門や経営層に説明するときはこの欄を作成する。

　市場や顧客が明らかになっていないと、話を聞いてもらえないからである。市場の魅力を、市場規模や成長性など定量的な情報で説明する。市場規模や成長性はこれまでの1次、1.5次、2次情報に基づき推計する。

📊 仮想カタログの使い方

　仮想カタログの使い方は、図5-24に示すように、対自分たち、対関係者、対顧客の3つがある。

「対自分たち」は、仮想カタログで自分たちの考えをはっきりさせ、テーマや目標の具体的な検討をすることができる。「対関係者」は他部門や経営層に対して、自分たちが考えているテーマをわかりやすく説明する。「対顧客」はニーズの掘り起こしや確認のためである。

　仮想カタログなしに何か困りごとがないかと聞くと、「コストを大幅に下げてほしい」「納期を大幅に短縮してほしい」など、ニーズがあちこち飛んだり、極端なニーズが出たりする。もちろんその1つひとつは重要な情報ではあるが、限られたインタビュー時間の

図5-24　仮想カタログの使い方

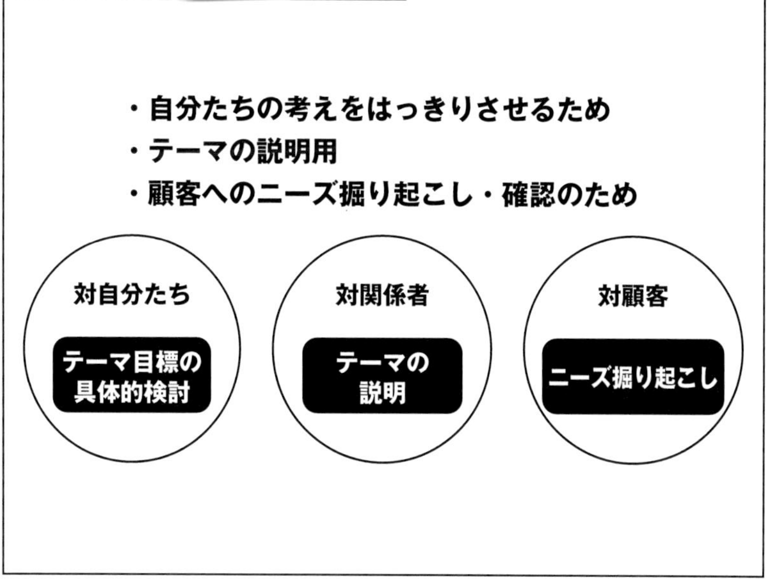

・自分たちの考えをはっきりさせるため
・テーマの説明用
・顧客へのニーズ掘り起こし・確認のため

| 対自分たち | 対関係者 | 対顧客 |
| テーマ目標の具体的検討 | テーマの説明 | ニーズ掘り起こし |

中で聞きたいことに集中できない。聞きたいニーズに焦点を当てることに役立つのが仮想カタログだ。

仮想カタログによるニーズ掘り起こし

　仮想カタログは仮説であって、まだ製品・サービスとして決まったものではない。仮想カタログを顧客に見せることによって、これまで調べたことが本当にその通りか？　自分たちの提供価値が顧客に響くか？　を検証する。仮想カタログはあくまで**検証ツール、潜在ニーズ発掘ツール**であり、製品・サービスを売り込むものではないことに留意する（図5-25）。

　潜在ニーズとは声になっていないニーズのことであり、それはア

図5-25　仮想カタログの使用メリット

	仮想カタログを作らないとき	仮想カタログを作ったとき
作成段階	顧客に訴求するポイントがはっきりしない、優先順位がつかない	顧客に訴求するポイントが明確になる
	開発しようとする製品・サービスのイメージが人、部門によって異なる	開発すべき製品・サービスのイメージが明確になる
	営業からの意見が開発に反映されにくい	営業と開発とのコミュニケーションが円滑になる
顧客検証段階	他社との比較がわかりにくい	訴求点を簡潔に訴えることができる
	表面化している顧客ニーズの範囲	顧客から潜在ニーズを引き出しやすい

ンケートや通常のインタビューでは得にくい。そこでこの仮想カタログを使う。

　仮想カタログを使って顧客に説明すると、顧客から「これはすでに解決済み」「今取り組んでいます」という言葉が返ってくる。それもそのはずで、顧客は日々その問題に頭を悩ませて、改善や工夫をしているはずである。開発者としては、そうした話が出るとがっかりするものだが、仮想カタログを見せることで、相手から「こんなことができるのなら、今悩んでいることがある」と話を切り出されることがある。その話はこれまで記事にもなっておらず、社内で

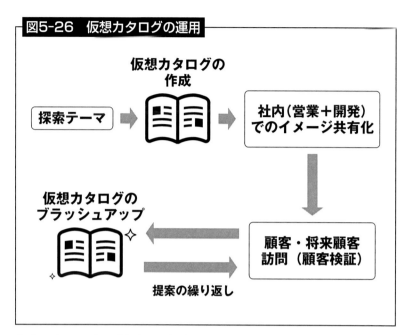

図5-26　仮想カタログの運用

仮想カタログの
作成

探索テーマ → 📖 → 社内（営業＋開発）
でのイメージ共有化

仮想カタログの
ブラッシュアップ

📖 ← 顧客・将来顧客
訪問（顧客検証）

提案の繰り返し

も出てきていない話だったりする。

　筆者の経験でも、機械の遠隔制御について仮想カタログで説明したところ、「今、機械のシェアリングサービスを考えている。シェアリング機器の遠隔制御ができないか」という話が出てきたことがあった。こういった話が潜在ニーズである。顧客としては、相談相手を探していたときに近い技術の話を聞いたことで、思わず口を突いて出たのかもしれない。

　したがって仮想カタログは自分たちのやろうとしていることの理解を得るためではなく、顧客から新たなニーズ、真のニーズを得ることを目的にすべきである。**仮想カタログはニーズを引き出す呼び水**なのである。

　ニーズを聞いたら、それっきりではいけない。今度はそのニーズに応じた仮想カタログを作成して再度、その顧客に説明する。こう

した顧客訪問と検証を繰り返すことで、ニーズに適合した製品・サービスになっていく（図5-26）。

❚❙❚ 仮想カタログ使用上の注意点

図5-27に仮想カタログ使用上の注意点を示した。

1つめは、**製品・サービスの提案でなくコンセプトの検証が目的**という点。製品・サービスを売り込むのではなく、仮想カタログをベースに意見を聞く、ニーズを聞く。営業担当を通じて既存顧客に依頼するときも、趣旨を的確に伝え、適切な相手を紹介してもらう。

2つめは**未公開の情報は出さない**こと。特許出願前の情報や他に出してはいけない情報は入れない。そのため内部用仮想カタログと外部用仮想カタログは分けて作成する。

とはいえ、情報はギブアンドテイクで、こちらが情報を出せば相手も情報をくれる。テイクアンドテイクでは成り立たない。本当は聞きたい核心があるが表に出せない場合は、すでに公開済みの写真や図をもとに口頭で補足説明する。

3つめは、可能であれば**仮想カタログを相手のところに残さない**こと。未発表の情報が顧客のもとに残ってしまうと、競合に渡ったり公表される可能性もある。このため、仮想カタログは見てもらうだけにとどめて持ち帰る。

事前にPDFで送る場合やWeb打ち合わせで画面共有する場合は、先方に残っても問題がないように、非公開情報や図・写真は省いておくといった注意が必要である。

図5-27　仮想カタログ使用上の注意点

●製品・サービスの提案でなくコンセプトの検証

・アポイントの際は、趣旨を事前に的確に伝え、
　趣旨に合った相手（例　開発部、企画部）にお願いする。

・技術アピールは必要最小限にとどめ、相手のニーズを素直に聞く。

●未公開の情報は出さない。ただし、情報はギブアンドテイクが前提

・公開前の知財や技術はそのまま仮想カタログに入れず、
　公開可能な自社・他社内容にとどめる。

・仮想カタログに書けない情報は、仮想カタログをベースとして
　口頭で説明し、ヒアリングを行う。

●可能であれば、仮想カタログを相手のところに残さない

・「企画段階なので、見ていただく範囲」にとどめて、
　可能であれば渡さない。

・仮想カタログを相手に渡す場合は、不都合な記載は修正し、
　配布用として作成する。

5章

技術の出口を作る

企画をアピールする

　新製品・新サービスを開発段階に進めるためには、まずは上司や関係部門、あるいは経営者に企画をアピールしなければならない。企画書を作成することと併せて、効果的なプレゼンテーションが求められる。開発段階では、技術開発と市場開発は車の両輪であり、顧客ニーズや顧客の反応を絶えず入れることでシーズとニーズの適合性を高める。

Contents

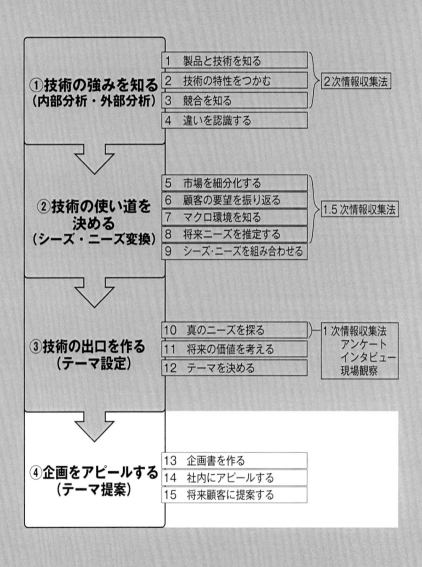

①技術の強みを知る
（内部分析・外部分析）

1	製品と技術を知る	
2	技術の特性をつかむ	2次情報収集法
3	競合を知る	
4	違いを認識する	

②技術の使い道を
決める
（シーズ・ニーズ変換）

5	市場を細分化する	
6	顧客の要望を振り返る	
7	マクロ環境を知る	1.5 次情報収集法
8	将来ニーズを推定する	
9	シーズ・ニーズを組み合わせる	

③技術の出口を作る
（テーマ設定）

10	真のニーズを探る	1 次情報収集法
11	将来の価値を考える	アンケート
12	テーマを決める	インタビュー
		現場観察

④企画をアピールする
（テーマ提案）

13	企画書を作る
14	社内にアピールする
15	将来顧客に提案する

1

企画書（ビジネスプラン）

📊 企画書とは

　新製品・新サービスのテーマを開発に進めるには、社内で企画を
アピールする必要がある。

　まず自部門の上司、次に関係部門、さらに経営層へのアピールが
必要となる。そのときに用いるのが企画書である。

◆企画書の目的

　社内説得のため。上司など意思決定者の合意と納得を得るこ
とを目的とする。

◆使い方

- ・自部門での企画内容の説明
- ・上司、関係部門、経営者への説明
- ・スタートアップの場合は、ステークホルダーへの説明

◆フォーマット　図6-I8(本章末)

📊 企画書の構成

　企画書は以下のような項目で構成されるが、新商品、新事業、新
技術など企画の種類に応じて項目の追加、省略を行う（図6-1）。

新事業企画を社内提案する場合の項目例

1 　背景および目的

2 　マクロ環境変化

3 　市場動向、技術動向

4 　KFS

5 　事業イメージ

6 　狙うべき市場・顧客

7 　ビジネスモデル

8 　事業展開シナリオ

9 　参入方策と克服すべき課題

10 　事業計画

11 　事業開発スケジュール

12 　リスクとその対応

　本項では新事業企画書（ビジネスプラン）の項目に沿って記述する内容を解説していく。

📊 企画書の作成項目 −1　背景および目的

　背景には、このテーマを選んだ社会的背景、顧客の背景や技術的背景を記載する。たとえば高齢者向けの製品がテーマであれば、高齢者の増加や高齢化に伴う社会課題について、4章で分析した顧客の要望、トレンド、将来ニーズを記載する。研究開発の成果に基づき新製品開発していくときは、「研究所で○○という効果があることがわかった」といった技術的背景があげられる。

　目的とはこのテーマを進める意義で、1つは売上拡大、利益向上

図6-1　企画書の種類と構成

提案区分	事業	製品・サービス	技術
企画書名	事業企画書 （ビジネスプラン）	商品企画書	技術テーマ企画書
目次 構成 (例)	1　背景および目的 2　マクロ環境変化 3　事業環境動向 　　市場動向　技術動向 4　KFS 5　事業イメージ 6　狙うべき市場・顧客 7　ビジネスモデル 8　事業展開シナリオ 9　参入方策と克服すべき 　　課題 10　事業計画 11　事業開発スケジュール 12　リスクとその対応	1　背景および目的 2　マクロ環境変化 3　事業環境動向 　　市場動向　技術動向 4　製品・サービス 　　イメージ 　　（仮想カタログ） 5　狙うべき市場・顧客 6　展開シナリオ 7　開発スケジュール	1　背景および目的 2　マクロ環境変化 3　事業環境動向 　　市場動向　技術動向 4　将来技術構想 5　製品・サービス 　　イメージ 　　（仮想カタログ） 6　展開シナリオ 7　開発スケジュール

など会社への貢献があげられるが、それだけでは不十分である。会社が儲かればそれでいいということではなく、その技術を使った製品・サービスは、顧客や利用者にとってどのような意義があるか？つまり顧客にどのような価値を与えるのかを目的に入れなければならない。さらに特定の顧客だけでなく、**社会にとってどのような意義があるのか**、たとえば安全な高齢化社会、温暖化対策など社会的な価値を示す。それが3つめの目的である（図6-2）。

　新製品や新事業はこれまでにない挑戦であり、開発者には体力的・精神的エネルギーが必要である。それが会社のためだけでは、長続きしない。自分の開発した製品・サービスで顧客や利用者に喜んでもらいたい、開発した製品・サービスで社会の役に立ちたいといった志があってこそ成功する。新たな取り組みには大義が必要で、

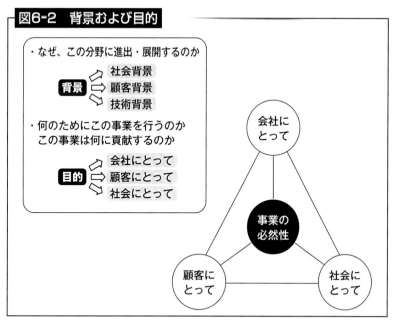

図6-2　背景および目的

・なぜ、この分野に進出・展開するのか

背景　⇨　社会背景
　　　⇨　顧客背景
　　　⇨　技術背景

・何のためにこの事業を行うのか
　この事業は何に貢献するのか

目的　⇨　会社にとって
　　　⇨　顧客にとって
　　　⇨　社会にとって

会社にとって

事業の必然性

顧客にとって

社会にとって

少々大げさな表現をするくらいでちょうどよい。

　開発は上司や関係者、ひいては経営層の協力を得ながらテーマを進めていかなければならない。そのため、社内提案では「なぜこのテーマをやるのか？」という**意義を共有し、共感を得る**ことが大切だ。特に顧客にとって、社会にとっての目的が胸に響くかどうかである。

　新規の開発は、ときとして目標通りに進まない。周りから「やめてしまえ」といった声が出ることもある。そのときに大事なのが目的で、目的がぶれていなければ周りもつきあってくれる。要は会社、顧客、社会にとって、そのテーマに必然性があるかどうかだ。**必然性の強いテーマであるほど、長続きし成功するもの**である。

企画書の作成項目 -2　マクロ環境変化

　4章のマクロ環境分析が該当する。このテーマに関する政治、経済、社会、技術のトレンドと、それらがこのテーマに与える影響を記載する。テーマへの影響は、**いいことだけを書いてはいけない**。マクロのトレンドが悪影響を及ぼす場合もある。たとえば技術トレンドで新技術開発が活発化することで、スタートアップ企業の台頭や異業種参入が活発になり、競争が激化する。

　いいことばかり書いてあると、見る側は「本当に？」と疑ってしまう。当該テーマへの影響は、悪影響もあるが、それ以上によい影響、追い風が吹いているということを主張したほうが印象に残る。

企画書の作成項目 -3　市場動向・競合動向

　3～5章の1次、1.5次、2次情報で得られた市場の情報、競合の情報を整理する。市場動向は市場規模、成長性といった定量情報と、市場が伸びる背景や動向など定性情報（法改正、新技術の実用化等）を記載する。市場をセグメントに分けて、規模、成長性、変化の詳細を説明していく。

　競合動向は同等品だけでなく、「顧客がお金を払って目的を達成する手段」はすべて競合になりうることを意識する。

　すでに市場が形成されているなら、競合の売上高などを情報として入れるが、ニッチなテーマで製品や材料単位での売上高が公表されていない場合は会社全体の規模を入れておく。市場が未形成の場合でも、参入企業がわかればその会社全体の規模を入れておく。自社と比べて規模の大きい会社なら、その分、知名度、人的資源、資

金力が大きいことが予想され、それらを**打ち負かす、あるいは競合しない提供価値**が求められる。「事業の状況」として製品の種類、対象とする顧客層、各社の開発戦略について記載する。また「強み（弱み）」として、3章の競合比較（64ページ）で明らかにした内容を記載する。

📊 企画書の作成項目 -4　KFS

KFSとはKey Factors for Successの頭文字をとったもので、事業成功の決め手となる主要因、つまり成功の鍵のことである。テーマの成否に影響する要因はいくつか存在するが、その寄与率はそれぞれ異なり、特に大きく結果に寄与する要因が必ず存在する。この主要因を押さえれば成功に至る。

事業を考えるうえで常に「KFSが何であるか」という認識を持ち、競争相手以上に徹底してKFSを追求することで、開発・製造・営業すべてに投資することを避け、効率的に競争力を向上させることが可能となる。

KFSの例を図6-3に示す。**新市場や新事業では、KFSが既存事業と大きく異なる**ことを意識する。

KFSは技術面だけに限らない。事業として捉えると、開発・設計面で劣っても、プロモーション、販売、物流面で優位な会社のほうがシェアが高い場合がある。競合分析を十分に行って、他社がなぜ強いのかを知らなければならない。

業界によって強い会社が異なる場合は、業界でKFSが変わるということなので、それぞれで強い企業を抽出してKFSを推定する（図6-4）。

企画をアピールする

図6-3 KFS

観点	KFS例
1．開発・設計	製品のコスト・パフォーマンス、パテントによる技術防衛、製品の信頼性、デザイン、製品のユニークさ、品質、施工の容易性、技術開発力、頻繁なモデルチェンジ力、置き換え需要の創造力、変化対応スピード
2．購買	原料安定確保、相場対応力、仕入ネットワーク、定価仕入
3．生産	フレキシブルな生産体制、柔軟性、生産コスト、精密加工力、初期投資、変動費型経営、品質管理体制
4．プロモーション	広告宣伝力、充実したショールーム、実演販売のノウハウ、消費者啓蒙活動、高級イメージ
5．販売	展開スピード（先手必勝）、直販力（プッシュ力）、工事力の確保、受注システム、流通マージン、顧客ファイナンス、集金体制、独自の顧客リスト、セールスマン数、展示販売ノウハウ、説明販売のツール、末端の値引き率、代理店ネットワーク、中間在庫、オピニオン・リーダーの組織化
6．物流	迅速さ、タイミング、低デリバリーコスト、配送ネット
7．アフターサービス	迅速修理体制、クレーム処理体制、品質保証体制、定期点検サービス
8．その他	資金力、企業の信用力、流通在庫負担力

また、KFSは売れるポイントと解釈できる。まずは顧客のニーズは何かを洗い出し（図では○）、次に購買の決め手、つまり購買決定因子を明らかにする（図では◎）。

図ではKFSは使用実績とサービス体制ということになり、これを押さえないと成功に至らない（図6-5）。

フォーマット（231ページ）には、当社（グループ）の強み、弱

図6-4　競合分析によるKFS推定

	A社 （薬品業界に強い）	B社 （食品業界に強い）
製品（技術）	省エネ型製品	
販売	販社の営業力 営業企画機能	〇〇分野の実績 関連商材の販売
サービス	ビフォアのエンジニア リングサービス	小回り
	⬇	⬇
KFS推定	省エネ型製品と それを知らしめる ビフォアサービスが KFSと推定される	小回り性と 特定業界の実績が KFSと推定される

図6-5　顧客分析によるKFS推定

例　　最も重要な評価因子を抽出する

購買決定因子		医薬品市場のKFS
認知度	知名度	
	使用実績	◎
製品仕様	性能	
	品質	〇
	耐久性	
	信頼性	〇
	操作性	
	イニシャルコスト	
	ランニングコスト	
サービス体制		◎

みの記入欄がある。グループとは関係会社などグループ企業を含めたものを言い、新規性の高い開発であるほど、グループ会社の総力をあげて取り組む必要がある。

KFSを明らかにし、自社がそのKFSを有していれば強みである。たとえばKFSがサービス体制で、自社が全国にサービス網を幅広く有しているなら強みとなる。

一方、たとえば実績というKFSに対し、自社はその市場での実績がないのであれば弱みである。となると、弱みをどう克服するかが当社参入の課題になる。実績が弱みであれば、実績のある企業と提携する、連携して早期に実績を作るといった課題があげられる。

企画書の作成項目 -5　事業イメージ

事業イメージはどのような製品・サービスを目指すのかを示すもので、仮想カタログの内容である。事業イメージでは、事業目標も記載する必要がある。事業目標は、与えられた目標時期にどれくらいの規模を目指すのか、たとえば10年後に売上高○億円といった表現である。

企画書作成の時点は開発着手前ということもあって、目標数値の精度は粗いものにならざるをえない。あくまで金額や数量の規模感がどれくらいかを示す範囲である。市場動向で示した市場規模の何割くらいを取っていきたいかといった概算となる。

そして仮想カタログで示したセールスポイントを特色・差別化ポイントとして記載する。製品そのものの差別化のみならず、**新たな価値や新たな利用シーンなど、他社と競合しない要素**は重要な特色となる。

📊 企画書の作成項目 -6　狙うべき市場・顧客

　ターゲットとなる顧客企業や顧客層を記載する。顧客ニーズが何か、1次情報などに基づき整理する。そして、顧客の購買決定要因を記載する。購買決定要因はKFSで触れた購買の決め手である。ある市場は購買の決め手はコスト、ある市場は性能と、市場によって購買の決め手は変わる可能性がある。

📊 企画書の作成項目 -7　ビジネスモデル

　ビジネスモデルとは事業の設計図である。自社ビジネスに関わるプレーヤーを明らかにし、プレーヤーとの関連を業務の流れやモノの流れで示す。

　肝心なのは、**誰にどのように製品・サービスを届けるか？　どこから、どのような対価を得るか？　が明らかになっているか**どうかである。表現の参考を図6-6、6-7に示す。ビジネスモデルの表現方法はいくつかあるので、詳細は他の専門書を参考にしていただきたい。

　収益方法として、製品・サービスそのものから対価を得る方法のほか、特許使用料などライセンスで儲けたり、アフターサービスで儲けるなど、新たな収益方法を考えてみる。

📊 企画書の作成項目 -8　事業展開シナリオ

　新事業はすぐに大きくなるものではなく、段階を追ってゴールに近づく。たとえば新素材の展開で、まずは装飾品など技術ハードル

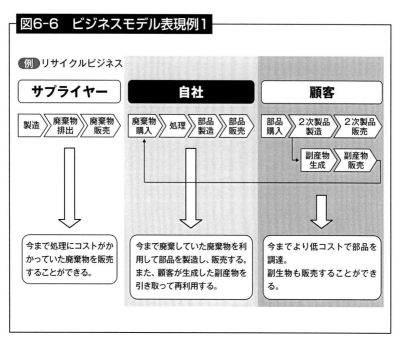

図6-6　ビジネスモデル表現例1

例　リサイクルビジネス

| サプライヤー | 自社 | 顧客 |

製造 〉 廃棄物排出 〉 廃棄物販売

廃棄物購入 〉 処理 〉 部品製造 〉 部品販売

部品購入 〉 2次製品製造 〉 2次製品販売
副産物生成 〉 副産物販売

今まで処理にコストがかかっていた廃棄物を販売することができる。

今まで廃棄していた廃棄物を利用して部品を製造し、販売する。また、顧客が生成した副産物を引き取って再利用する。

今までより低コストで部品を調達。副生物も販売することができる。

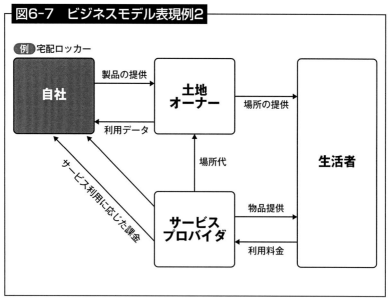

図6-7　ビジネスモデル表現例2

例　宅配ロッカー

自社 → 製品の提供 → 土地オーナー

利用データ ←

場所の提供 →

生活者

場所代

サービス利用に応じた課金

サービスプロバイダ

物品提供 →

利用料金 ←

の比較的低い市場から参入し、徐々に実績を積み重ねながら、中長期的に自動車や航空機など技術ハードルが高い市場に入るといったシナリオが必要である。事業展開のシナリオは、**市場開発のシナリオと技術開発のシナリオの両面**から事業イメージを書いていく。

📊 企画書の作成項目 -9　参入方策と克服すべき課題

新市場や新事業の開発では、その市場へ参入するための方策を明らかにする必要がある。まずは基本方策として、自力でその市場に入るのか？　他社と提携するのか？　他社ブランドで自社は製造に徹するのか？　といった基本的な考え方を示す。そのうえで開発、製造、営業といった区分で実施項目と実施に向けた課題を書いていく。ここで言う課題は部門別に細分化する必要があり、開発部門で言えば、「○○技術の開発」という施策に対して「要素技術の実用化検証」「特許取得」といったことが課題となる。

📊 企画書の作成項目 -10　事業計画

ここで言う事業計画とは、売上計画、損益計画、投資回収計画など数字の計画である。企画当初から精緻な数値を算出するのは難しく、**開発の進捗とともに精度を上げていく。**会社で使っている数値計画のフォーマットを用いて、わからない箇所は営業担当や企画担当にヒアリングしながら計画を立てていく。損益計算や投資回収など経理や財務の知識の詳細は、専門書を参考にしていただきたい。

企画書の作成項目 -11　事業開発スケジュール

　企画書作成後からの開発、事業化準備、発売、製品追加、機能追加などのスケジュール表を作成する。新市場や新事業の開発では、技術開発のスケジュールだけでなく、市場開発のスケジュールも作成する。

企画書の作成項目 -12　リスクとその対策

　リスクとは不測事態のことである。新規性の高いテーマの場合、リスクがゼロということはありえない。理想はローリスク・ハイリターンだが、現実的にはローリスク・ローリターン、ハイリスク・ハイリターンにならざるをえない。ハイリスクだからやらないのではなく、**リスクを的確に認識し、リスクの高いものに対しては企画段階から対応策を講じていく。**

　まずは当該テーマで想定されるリスク要因を、マクロ環境、市場・顧客、競合他社、技術といったリスクの観点で洗い出す（図6-8）。

　たとえばマクロ環境では、そのテーマに関連する市場や業界が景気変動に大きく影響を受けるのであればリスク要因であるし、海外ビジネスの場合にその国の政治情勢に大きく影響されるのであればリスク要因である。他の観点でも同様にリスク要因を抽出する。

　図では一般的なリスク要因をあげている。この中から該当するものをピックアップしてもいいし、独自のリスク要因があれば追加してほしい。たとえば食品関連のテーマであれば、食中毒は独自のリスク要因である。

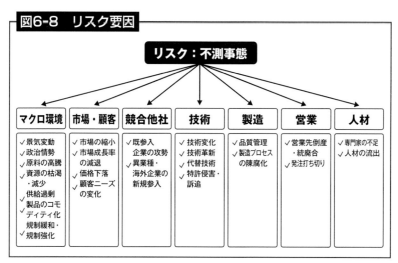

図6-8 リスク要因

リスク：不測事態

マクロ環境	市場・顧客	競合他社	技術	製造	営業	人材
✓景気変動 ✓政治情勢 ✓原料の高騰 ✓資源の枯渇 ・減少 ✓供給過剰 ✓製品のコモ ディティ化 ✓規制緩和・ 規制強化	✓市場の縮小 ✓市場成長率 の減退 ✓価格下落 ✓顧客ニーズ の変化	✓既参入 企業の攻勢 ✓異業種・ 海外企業の 新規参入	✓技術変化 ✓技術革新 ✓代替技術 ✓特許侵害・ 訴追	✓品質管理 ✓製造プロセス の陳腐化	✓営業先倒産 ・統廃合 ✓発注打ち切り	✓専門家の不足 ✓人材の流出

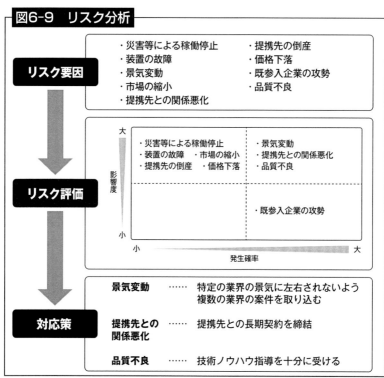

図6-9 リスク分析

リスク要因

・災害等による稼働停止　　・提携先の倒産
・装置の故障　　　　　　　・価格下落
・景気変動　　　　　　　　・既参入企業の攻勢
・市場の縮小　　　　　　　・品質不良
・提携先との関係悪化

リスク評価

影響度　大

・災害等による稼働停止　　・景気変動
・装置の故障　・市場の縮小　・提携先との関係悪化
・提携先の倒産　・価格下落　・品質不良

・既参入企業の攻勢

影響度　小

発生確率　小　　　　　　　　大

対応策

景気変動	……	特定の業界の景気に左右されないよう複数の業界の案件を取り込む
提携先との関係悪化	……	提携先との長期契約を締結
品質不良	……	技術ノウハウ指導を十分に受ける

次にリスクの分析を行う（図6-9）。

まず、リスク要因を発生確率と影響度で分類する。発生確率は起きうる確率で、いつ起きてもおかしくないような要因は発生確率大である。影響度はそのテーマに関わる事業への影響で、影響度が大きくなると、その事態が発生することで営業停止、事業撤退、さらには既存事業存続の危険などが想定される。

発生確率の大小、影響度の大小の４象限でリスク要因をプロットし、４象限の中で**発生確率、影響度ともに大きいものについて対応策を講じる**。そのリスク要因の影響による痛手が解消することはないが、痛手をできるだけ極小化する方策が対応策である。たとえば景気変動のリスクは特定の業種に特化しすぎると影響が大きくなる。その業種が景気悪化で立ち行かなくなってしまうと、身動きが取れない。しかし、複数の業種に用途展開していれば、業種によって景気変動の波が違うので、影響が緩和される可能性がある。このようにリスクを分散・縮小する方策を検討していく。

４象限で発生確率大、影響度小のものは、リスク要因が起きても影響の程度が小さいので、起きてからの対処でも間に合う場合がある。発生確率小、影響度大のものはめったに起きないので、対策に投資するより、いつ起きるかを常にウォッチすることが大切である。発生確率、影響度ともに小のものは、企画時点においては検討対象外とする。

企画書の活用

企画書は**開発の進捗に応じて何度も修正・更新する**。開発の初期段階はマクロ的、定性的な情報が多くなるが、開発後期では事業計

画などミクロ的、定量的な情報に主眼が置かれる（図6-10）。

　また、企画書の作成プロセスには、関係者を巻き込む効果もある。打ち合わせを行う中で、関係者に開発の協力を得るとともに、自分たちが実現したいことへの共感を得るのである。

図6-10　段階別の企画書項目例

	探索段階	企画～開発初期	開発後期～事業準備
事業化の目的	背景および目的	同左	同左
事業環境動向	マクロ環境変化 市場規模、成長性 顧客ニーズ 競合動向	マクロ環境変化 市場動向 ┐ 顧客ニーズ ┤ ミクロ 競合動向 ┤ 動向 技術動向 ┘ など	同左
目標		事業目標	左記に加え、年度目標
商品・事業構想	狙うべき市場・顧客 事業コンセプト 事業イメージ ビジネスモデル 仮想カタログ	狙うべき市場・顧客 事業コンセプト 事業・商品仕様 ビジネスモデル 競争優位 事業展開シナリオ　など	同左
事業化の課題と対応策	KFS	KFS 参入方策と課題・対応策	参入のKFS、拡大のKFS 課題の詳細、部門、スケジュール
リスク対応		リスクとその対策	不測事態対応計画
数値計画		投資計画 売上計画 損益計画 人員計画 キャッシュフロー　など	左記に加え 　生産計画 　販売方針 　年度計画 　資金繰り　など
開発計画		事業開発スケジュール	大日程、中日程計画
組織		推進体制、組織	営業体制 物流体制　など
実施計画			マーティング準備 KPI アクションプラン　など

企画書のプレゼンテーション

📊 技術のプロモーション

いくら競争力のある技術でも、それを魅力的に伝えることができなければ価値は伝わらないし、もったいない。

筆者は開発者の企画プレゼンに立ち会う機会が多いが、せっかくいい技術なのに、伝え方の問題で聞く側の印象に残らない場面によく出くわす。開発者側が「いい技術なのになぜわからないの？」というスタンスで一方的に話をしている雰囲気を感じる。マーケティングの観点から言えば、これではプロダクトアウトであってユーザー（聞き手）の立場に立っていないことになる。

また、「わかってもらいたい、聞いてもらいたい」という意思はあっても、元来プレゼンが苦手で困っている読者も多いだろう。

いずれも伝え方が下手なのである。**よいモノを作ることと、それを魅力的に伝えることは開発の両輪**であり、片方がよくても片方が悪いと台なしである。

開発者のプレゼン対象は、企画部門、事業部門、営業部門、経営層などである。開発しようとする製品・サービスに投資をしてもらったり、販売してもらったりするには、彼らに納得してもらい、行動に移してもらわなければならない。伝える力は最重要なのである。

ただし、本章ではパワーポイントによる目を引くプレゼン資料の

作り方、動画の撮り方といったテクニカルなことを述べるわけではない。もちろん、プレゼンツールによって印象は大きく変わるので、その点は専門書を参考にされたい。

テクニックに走りすぎると、ややもすると画面の見栄えや色合いのほうに聞き手の興味が向いてしまう。それでは本末転倒である。社内の意思決定は、見栄えで企画内容が判断されるものではない。もっと本質的な部分、つまり伝えたいことが正しく伝えられるかが重要である。本章では、プレゼンの基本的考え方や準備の仕方、プレゼン当日の振る舞い方について述べていく。

企画プレゼンの心構え

プレゼンとは単なる情報伝達ではなく、メッセージを伝えることである。自分が伝えたいことだけを伝えるのがプレゼンではなく、相手が聞きたいことをメッセージとして伝えるのがプレゼンである。

プレゼン準備 - 1　聞き手を知る

プレゼンテーションに必要な準備は、図6-11の通りである。

これまでの章でマーケティングの基本を見てきたが、**プレゼンも一種のマーケティング**である。プレゼンでは誰に聞いてもらいたいか、がターゲット顧客になる。

本部長、部長、課長と複数人が参加する社内会議の場合、ターゲットが不明瞭になる。会社組織は合意でものごとを決めるので、関係者はすべてターゲットになるだろうが、その中でコアターゲットが誰で、サブターゲットが誰かを識別しなければならない。

開発者の中には人間関係を考慮するのが苦手な人もいるが、これもマーケティングと同様、事前調査をして参加者の特性や関係性、意思決定のプロセスを研究しておかなければならない。

　ターゲットが決まったら、聞き手が何を聞きたいかを推測する。いわば聞き手のニーズである。情報収集で述べたように、ニーズを知るには直接聞くのが手っ取り早いが、聞きにくい場合はこれまでのプレゼン経験者や関係者にヒアリングを行って、聞き手のニーズを把握するよう努める。いわば1.5次の情報収集である。

　また、忘れてはいけないのは、**「なぜそのような質問が出たのか？」という上位ニーズ**である。評価者はときに気まぐれで、質問表現が変わる。単に情報が知りたくて質問するときもあるし、こちらの力量が知りたくて質問するときもあるだろう。口から出る質問表現はばらばらであっても、その本質、つまり上位ニーズはブレていないことが多い。たとえば「顧客の真のニーズが知りたい」という上位ニーズが、口頭では「なぜ売れると思うの？」「それがあるとうれしいの？」といった表現になるかもしれない。いくつかの個別表現を集めて上位ニーズを探ってほしい。上位ニーズがわかれば、聞きたいこと、伝えたいことの関係が見えてくるだろう。

　その際、聞き手がどの程度、技術の知識を持っているかを押さえておく。技術の知識を豊富に持っているなら、いきなり技術の中身から入っていけるが、そうでない場合は基礎的内容から入っていかなければならない。そのうえで、今揃っている情報は、聞き手が判断できるだけの情報かどうかを点検する。

図6-11　プレゼンテーション準備

1　聞き手を知る

- ・コアターゲット、サブターゲットを分ける
- ・聞き手は何を聞きたがっているか
- ・聞き手はどの程度の知識があるか
- ・聞き手に対し、どの程度専門的なレベルで話すか

2　プレゼン内容を明確にする

- ・発表の目的を明確にする
- ・キーポイントがすべて含まれているか
- ・発表内容の本質的なものと枝葉なものとの区別

3　発表のストーリーを考える

- ・どんなストーリーにするか
- ・どこにポイントを置くか
- ・話のアウトラインを決める

▎プレゼン準備 -2
　プレゼンのポイントを明確にする

　まず、今回のプレゼンの目的を認識する。予算を確保してもらうためのプレゼンなのか？　事業部に協力を要請するためのプレゼンなのか？　たまに上司から「ちょっと部長会でしゃべってよ」と言われるようなことがあるが、目的がはっきりしないときは目的が何かを聞き返すべきである。目的がはっきりしないことには話の中身が決められないし、聞き手だけが目的をわかっていて自分がわかっていないと、聞き手の満足が得られず不評を買うことになる。プレゼンの冒頭で「今日のプレゼンの目的は○○です。よろしいでしょうか」と確認をとることも有効である。

6章

企画をアピールする

次に主要なポイントを盛り込む作業となる。キーとなる情報、キーとなるメッセージ、キーとなる数字などを集めていく。本質的なものと枝葉のものを区分することが大切である。開発側は日々の業務で情報量が膨大になっており、あれもこれも話しておきたい。自分が苦労したこと、熱中したことは言葉が多くなりがちである。しかしそれは聞き手からすると枝葉の話かもしれない。絶えず**聞き手の立場に立って、聞きたいポイントに絞る、伝えなくてもいいことは切る**という勇気が必要である。

こちらには知識が蓄積されているが、聞き手は白紙の状態であり、そこに大量の情報を伝達することになる。情報の取捨選択をして伝えたい情報の優先順位づけをすることが必要だ。プレゼン本編はコアターゲットに狙いを定めて構成するが、サブターゲットに専門的な知識を求める人がいる場合は補足資料（appendix:付録、別表）で対応する。

プレゼン準備 -3　ストーリーを決める

ポイントをどのような筋立てで話していくかを決める。231ページに企画書のフォーマットを示すが、必ずしも企画書のページ順に話す必要はない。企画書はあくまで読み物であり、プレゼンではその要点を効果的に伝えることが求められる。社内の慣習として、「結論から述べる」「強みから述べる」など暗黙の筋立てのパターンがある場合、そうとは知らずに話をすると、内容に関係のない苦言が飛び出す。こうした社内作法も、経験者に事前に聞いておきたい。

そのうえで、話のアウトラインを決める。導入部、本論、結論を

図6-12　プレゼンテーション準備の確認事項

前提条件	内容（確認事項）	注意点
時間	年、月、日 何時から何時までか	午後は眠くなる時間、注意を引く表現で聞き手を引きつける。 持ち時間によって内容の絞り込みを行う。
場所	どこでやるのか どれくらいの広さか Web の場合、 どのオンライン会議 ツールか	広さによって声の大きさを変える。 Web は、対面より情報量が限られるのでポイントを絞る。
人数、人	出席者は何人か その人たちの特徴は （階層、関係、 専門性、経験など）	出席者の特徴に合わせて内容に気を配る。 専門性の高い人とそうでない人がいる場合は、そうでない人に合わせる。
ツール	どのようなツールが 使えるのか	場所、出席者のタイプに応じて、効果的なツールを検討する。 よかれと思ったツールが、聞き手のストレスにならないようにする。

設定し、一般的な内容から具体的・専門的内容に展開していく。概念・理論と実例・事実をうまく組み合わせた構成にする。アウトラインに沿ってポイントとなる情報や数値を準備する。聞き手の最も聞きたいことについては、期待に十分応えられるだけの情報の質と量を準備する。

　プレゼン当日の時間、場所、人数、ツールについての事前確認も欠かせない。その内容と注意点を図6-12に示しておく。

プレゼンで失敗しがちなのが、時間配分である。言いたいことが多すぎて、結論の時間をオーバーしてしまうのだ。時間超過は、ビジネスの世界ではNGである。基本的に聞き手は忙しいので次の予定を入れている。とりわけ、移動のないWebミーティングの場合は、30分刻みで予定を組んでいる人もいる。**時間超過は厳禁**である。

　また、言いたいことが多すぎて時間切れになりそうだと、最後にマシンガントークで終わろうとする。早口箇所が本質的なポイントであったら話は台なしで、聞き手の納得感は得られない。

　一方で、**時間が余りすぎるのも問題**だ。余る原因は大きく2つ。緊張で予行演習よりも早口になって時間が余るケースと、話を端折りすぎて時間が余るケースである。いずれにしても、伝わるプレゼンにはならない。

　時間が余ったときにもっとよくないのは、余った時間を話でつなごうとすることである。同じ話を繰り返したり、はたまた前のページに戻って同じ内容を繰り返したり。プレゼンの目的が、メッセージを適切に伝えることから、時間を守ることになっていないだろうか？　これではメッセージが伝わらず、悪い印象を残してしまう。

　こうした事態に陥らないよう、事前に人に聞いてもらうなどして準備を怠らないようしなければならない。準備段階でのチェックリストを図6-13に示した。

▟▌ プレゼンテーションの実施

　プレゼンテーション実施のポイントを図6-14に示す。

　1つめは**相手とコミュニケーションをとりたいという意思を示す**

図6-13　プレゼンテーション準備チェックリスト

- ☐ 時間内に終わるか
- ☐ 内容は多すぎないか
- ☐ 場所、聞き手を想定したか
- ☐ 聞き手に対して、よく理解してもらえるような構成になっているか
- ☐ どの場面で、どの内容を強調するかを考えたか
- ☐ 目的ははっきりしているか
- ☐ 主要なポイントは、さまざまな視点から考えたか
- ☐ 主要なポイントは、聞き手に受け入れられるか
- ☐ これで目的を達成することができるか

図6-14　プレゼンテーション実施のポイント

1 コミュニケーションをとりたいという意思
- ・言葉だけでなく、目線、しぐさなど体全体で
- ・常に敬意を絶やさない

2 臨機応変に
- ・ワンパターンは禁物
- ・機転が必要、その場の状況に対応して語る

3 話し方、内容
- ・言葉の選択、キーワードの使い方
- ・語りかけ方

4 よい話しぶり
- ・語尾を明確に、ゆっくり、明るい声で話す
- ・あがることを気にしない

ことである。対面のプレゼンでは、言葉だけでなく、目線やジェスチャーなど体全体で伝えたいという意思表示が大切である。

　中には聞き手の視線を苦手とする人がいるかもしれないが、このときばかりは伝えたいという意思を目線やジェスチャーで送る努力をする。相手の視線が耐えられない場合は、うなずいてくれる人を探すとよい。ときにはこちらから質問を投げかけ、合意を促すことも有効である。

　聞き手には常に敬意を払う。聞き手の中にスマホや時計ばかり気にしている人がいると、「いやなら聞かなくてもいい」と居直りたくもなるが、貴重な時間を自分のプレゼンに費やしてくれているという感謝と敬意をメッセージに込めてほしい。すると、プレゼン中に印象の悪かった聞き手が、あとの質疑のときに他の聞き手の困った質問に代わりに答えてくれたり、援護射撃をしてくれたりすることがある。案外、味方になってくれるものである。一所懸命さ、がむしゃらさを大事にしたい。

　2つめは**臨機応変さ**である。質問の受け答えには柔軟に対応しなければならない。想定質問に対する問答集を準備しておくことは不可欠だが、実際の質問は想定外のことが多い。その際にワンパターンは禁物で、プレゼンで述べたことを繰り返すのではなく、相手の要求に応じて言い回しやポイントを変えていく。

　また、質問に対しては自信を持って返答する。筆者の経験で、社長プレゼンのときに鋭い突っ込みをされても堂々としている開発者がいた。なぜそんなにメンタルが強いのかと聞くと、学生時代の海外渡航で幾度も命の危険にさらされたことがあり、それに比べれば失敗しても命が取られることはない、と泰然としていた。

3つめは**話し方と内容**である。

適切な言葉を使っているか、キーワードは適切かに注意する。気をつけたいのは、トレンドワードのカタカナ語や略語である。聞き手の間で言葉の定義が共有されていれば使ってもかまわないが、そうでない場合、安易にカタカナを使うと誤解を招く。オープンイノベーションという言葉も、人によって解釈が異なることがある。共有度合いがわからないカタカナ語を使うときには、最初に用語の定義をしなければならない。

また、語りかけるような話し方を心掛ける。開発者の中には、報告スタイルで淡々と話をするタイプの人がいるが、それだけでは人の心に届かない。「そうですよね」「なぜでしょうか？」など合意を促す表現や疑問形を交えて会話風に語る。

4つめは**話しぶり**である。

語尾を明確に、あわてず明るい声で話す。特にWebでのプレゼンでは耳からの情報がメインなので、ゆっくり端的に話すことを心掛ける。「えっと」「えー」といった口癖も、意外に気になるものである。完全に直すことはできなくても、録音して聞き返すなどして自分の口癖を認識する。

プレゼンはあがって当たり前である。大ベテランの落語家でも舞台に上がるときはあがるという。開始時間になったら深呼吸して、ゆっくりと話を始めていく。

以上、プレゼン実施のポイントを述べたが、プレゼンスキルを上げる最良の方法は**場数を踏むこと**である。プレゼンの場があれば、社内でも社外でもエントリーして実践を積むことをお勧めする。

3

提案書の作成

📊 将来顧客に向けた提案準備：提案書

　企画書の承認が得られたら、開発段階に入る。

　開発段階では技術開発に主眼が置かれるが、技術開発のみに専念すると顧客ニーズとの乖離が起きる。**開発期間が長いほど、市場環境や顧客ニーズに変化が生じる**ことが想定されるからである。

　また、1次情報が抽象的なニーズのままであると、詳細な仕様に落とし込む際に開発者の勝手な解釈で進めてしまい、ニーズに合わないことが起こりうる。

　新規性の高いテーマであるほど、顧客側の情報を常に入れながら技術開発していく必要があり、技術開発の途中成果で顧客の反応を入れて修正を加えなければならない。技術開発と市場開発は車の両輪である（図6-15）。両輪ということは、一方が止まれば前に進まないし、技術開発と市場開発が別の向きになっても前に進まない。

　技術開発と市場開発をつなぐためにとるアクションが、提案書の作成と顧客提案である。

◆提案書・顧客提案の目的

　顧客の具体的な問題認識やニーズ、要件仕様を引き出し、シーズとニーズの適合性を高める。提案書によって顧客の具体的ニーズを引き出す。

◆**使い方**

  ・具体的ニーズの技術開発への反映

  ・技術開発成果の顧客検証

◆**完成イメージ　図6-16**

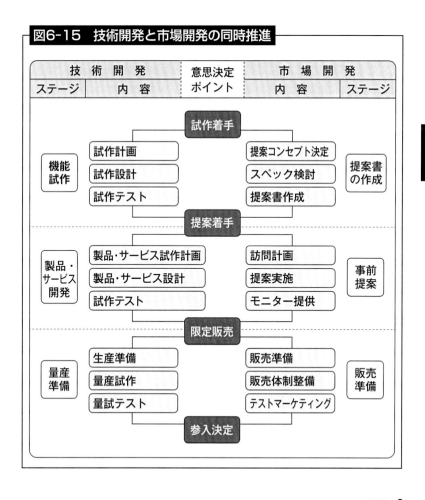

図6-15　技術開発と市場開発の同時推進

技　術　開　発		意思決定	市　場　開　発	
ステージ	内　容	ポイント	内　容	ステージ
		試作着手		
機能試作	試作計画		提案コンセプト決定	提案書の作成
	試作設計		スペック検討	
	試作テスト		提案書作成	
		提案着手		
製品・サービス開発	製品・サービス試作計画		訪問計画	事前提案
	製品・サービス設計		提案実施	
	試作テスト		モニター提供	
		限定販売		
量産準備	生産準備		販売準備	販売準備
	量産試作		販売体制整備	
	量試テスト		テストマーケティング	
		参入決定		

図6-16　提案書

提案のコンセプト	温かいまま、冷たいまま料理提供
提案内容	保温・保冷機能付き配膳カートによる給仕
従来との比較	（従来）①調理→②台車に乗せる→③会場へ移動→④給仕のタイミングまで待機→⑤お盆へ乗せ変え→⑥給仕 （提案）①調理→②配膳車に乗せる→③会場へ移動→④給仕のタイミングまで待機→⑥給仕
提案ポイント	**＜従来の問題点＞** ①調理から給仕までの間にせっかくの料理が冷めてしまう。 ②お盆に乗せ替えるのは手間がかかり一度にたくさん運べない。 ③一度運んだら給仕しなくてはならず、デザートのアイスが溶けてしまうことがある。 **＜提案ポイント＞** ①保温・保冷機能により温かいまま、冷たいまま給仕が可能 ②配膳車から取り出し、そのままテーブルへ 　　　手間が省け、給仕のスピードアップにつながる 　　　お皿のぶつかる音がなくなる ③食事のスピードに合わせて給仕でき「後で」という方の分はその場で保温・保冷が可能
適用製品・サービスイメージ	①庫内を仕切り、同時に保温・保冷が設定可能（庫内温度を表示） ②庫内の脱臭・加湿機能付き ③レストランの雰囲気を壊さないデザイン ④電動アシスト機能により簡単に走行 ⑤自動停止機能により安全 ⑥局面フィルム加工で掃除しやすく抗菌加工済み　　商品の絵
導入効果	①保温・保冷効果　　　汁物・・〇分後　従来30℃⇒導入後50℃ ②給仕時間の短縮　　　1品の給仕所要時間　10分⇒5分 ③給仕人数の削減　　　1人当たり2テーブル⇒3テーブル

ⅰⅼ 提案書の作成段階

　提案書を作るのは、試作の段階、製品・サービスの機能と形が見え始めるタイミングである。試作には「手作り試作→機能試作→製品・サービス試作」というステップがあるが、まずは手作り試作でニーズを再確認し、機能試作で詳細スペックを明らかにし、製品・サービス試作でブラッシュアップする。

ıllı 提案書の作成手順 -1　提案のコンセプトと提案内容

　図6-16は、ホテルの宴会場で温かい料理、冷たい料理を給仕するための配膳カートの提案例である。提案コンセプトは顧客（この場合はホテル）にとってのメリットであり、うれしさをひと言で表したものである。コンセプトが長文だと訴求点がぼやけるので、端的に表現する。提案内容は、どのような顧客の課題に対して、どのように解決するのかを表すものである。

ıllı 提案書の作成手順 -2　従来との比較、提案ポイント

　提案書を作成するには、顧客を研究していなければならない。これまでのインタビュー、アンケート、現場観察から問題点を整理する。たとえば顧客の業務プロセスを研究し、どこに問題点があるかを想定する。仮説が入ってもかまわないので、顧客のプロセス、課題が明らかになっていることが要件である。こうした知識がないまま提案すると、「もっとうちのこと調べてから来て」と突き返されてしまう。提案書を見せたときに「自分たちのことをよく研究している」と思われることが大事である。よく研究していれば、顧客はいい加減なことは言えないと認識し、的確な返答をしてくれる。

　そして提案ポイントでは、**新しい価値が伝えられること**である。顧客に従来との差が見えなければ、「すでに今あります」と言われ、関心を持ってもらえない。提案ポイントはあくまで価値の提案である。これまで実現したくても実現できなかったこと、提案によって

顧客が新たに必要と感じてくれることが入っているかどうか、がポイントとなる。

ⅰⅰⅰ 提案書の作成手順 -3　適用製品・サービスイメージ

次に「提案ポイントはわかった。では、どうやってそれを実現してくれるのか」という質問になるので、顧客の問題解決に最も適した製品・サービスイメージの説明に入る。

試作途中で製品・サービスの全体イメージができ上がっていない場合は、デザイン画などを挿入し、仕様や特徴を表現する。「まだ試作中なので、こんな製品を考えています」と、顧客にイメージしてもらう。

ⅰⅰⅰ 提案書の作成手順 -4　導入効果

提案書で重要なのが**導入効果、利用効果が明確になっていること**である。導入効果には定量効果と定性効果がある。

定量効果とは、顧客の売上増加、コストダウン、スピードアップなど数字で表せる効果である。定量効果を示すことができればインパクトが大きい。BtoBビジネスは経済合理性で購買に至ることが多いので、なおのこと定量効果を追求しなければならない。

定性効果とは快適、安心、楽しいなど数字で表すことができない効果で、売上増やコストダウンなどの定量効果との関連ははっきり言えないが、心理的価値を満足させる効果である。BtoBビジネスの場合は、定性効果についても定量化を試みる。たとえば、従業員1,000人にアンケートを取って「○割が快適性を求めている」といっ

た傾向を数字で示すことができれば、納得感が増す。

📊 将来顧客への提案

　提案書作成後、顧客を訪問して提案・インタビューを実施する。**訪問のタイミングは業界によって異なる。**

　特許等の知的財産や秘密保持事項がない場合は、手作り試作をもとに話を聞いてもかまわないが、知財権や秘密保持が必要な場合はそれらの対策をとったうえで話をする必要がある。

　生活者に近い製品・サービスは、仕様や性能が固まっていない手作り試作でも話を聞いてもらえるが、精緻なデータが求められる産業の製品・サービスは商品試作段階でないと話を聞いてもらえない。

　ベンチャー企業向けのスタートアップの本の中には、プロトタイプを持って早めに顧客の評価を得ることを推奨しているものもあるが、業界によって顧客と話せるタイミングが異なることに注意する。

　まずは訪問計画を立てる。

　既存顧客であれば営業担当と一緒に、提案書を持って話を聞くことができる客先をリストアップして行動計画を立てる。

　新市場や新事業の場合、営業担当がチャネルを持っていない。その場合は外部に紹介を依頼することになる。自社が取引している金融機関を通じて顧客を紹介してもらえることがある。また、地域の異業種交流会などに参加して、想定顧客企業とつながりを持つことも有効である。有料ではあるが、提案先の紹介やマッチングを支援してくれる会社があるので、将来顧客にアプローチする手段がなければ依頼する。

顧客に向けた提案は、プレゼンテーションと同様、メッセージを伝えることが重要である。単なる説明ではなく「貴社のこのような課題を解決したい」といった意思を伝えるのである。

　提案では、製品・サービスを押しつけるのではなく、あくまで**提案内容についての意見やさらなるニーズを聞き出す**。そして提案と併せてインタビューを実施する。インタビューでは、具体的な仕様要望、購入希望価格、設置数量などを聞く。

　インタビューの結果は図6-17のような項目でまとめる。

　図は建設現場向け機械の提案の例である。

　提案する製品が適用できそうであれば、希望価格や希望するスペックを聞く。提案する製品が適合しない場合は、必ずその理由を聞く。説明のポイントがずれていて顧客に適切に伝わっていなかったかもしれないし、提案自体がまったく的外れだったかもしれない。

　提案の成否に限らず、あらためて顧客の作業内容を把握する。作業の場所、作業時間、作業人数、内製／外注、作業頻度、作業方法、作業で困っている点などを聞き出し、自分たちの認識と合っている点、間違っている点を確認する。

　そもそも顧客の作業を適切に理解しておらず、そのために製品の適合性が低いのかもしれない。**早い段階で適合性のギャップをつかむことができれば、その後の試作にフィードバックして適合性を高めることができる。**

　現在、顧客が使用している製品の詳細も把握する。その製品で満足しているか、不満があるのかを聞き出すことで、自社製品の仕様に反映できる。

　欲しい製品も聞いてみると、自社の既存品で対応できるケースも

6-17　顧客インタビュー

企業名：	部署：	面談者・役職：	面談日：	担当者：

作業内容 ①場所②時間③人数④社内ｏｒ外部 ⑤作業頻度⑥作業方法⑦困っている点等	使用（可・不可） その理由：
	希望価格： 要求スペック：

現在使用している製品 メーカー： 機種： 購入ルート： 使用頻度： 耐用年数： その他：	欲しい製品	その他 （業界、同業情報等）

ある。そのため、既存製品・サービスのカタログも携行するのがよ
い。

　開発のプロセスは、顧客のニーズと自社製品・サービスの適合性
を高める過程である。適合性が取れているか、どのようにすれば適
合性が高まるかを常に考えなければならない。

📊 顧客提案の留意点

　こうした顧客への提案は、商品開発段階が終わっても、量産準
備・販売準備段階、さらには販売段階まで続く。

　開発者は製品・サービスを作ることをゴールと誤解しがちである
が、当然ながらゴールは売れるまでである。したがって、提案活動
は販売までずっと続く。大手企業は効率性の観点で部門が分かれて

おり、売るのは営業担当という認識があるが、これはあくまで役割分担の話である。

　開発者は、可能な限り営業の現場や販売の現場に出かけていき、顧客の反応を見たほうがよい。顧客がその製品・サービスを手に取って喜んでくれている姿を見るのは開発者として最高の喜びであり、それまでの苦労が報われる。

　逆に顧客が他社を選んだとすれば、どこに問題があるのかを追及し、挽回しなければならない。

　マーケティングの最終目的は新しい売上を作ることであり、マーケティングの基本は顧客に選んでもらうことである。選んでもらうには、販売段階に至るまで提案を繰り返し続けることが欠かせないのである。

図6-18 ビジネスプランフォーマット

ビジネスプラン

〜　　　　　　　　　〜

©2020　*JMA Consultants Inc.*　1

1. 背景及び目的

背景

目的

会社にとって

顧客、利用者にとって

社会にとって

©2020　*JMA Consultants Inc.*　2

6 章

企画をアピールする

図6-18　ビジネスプランフォーマット

2. マクロ環境変化

視点	トレンド	当該テーマへの影響
政治・法規制動向		
経済動向		
社会動向		
技術動向		

©2020　JMA Consultants Inc.　3

3. 事業環境動向　～市場動向～

対象市場	動向		
対象	市場規模	成長性	市場の変化

©2020　JMA Consultants Inc.　4

競合動向

企業名	動向		
	規模	事業の状況	強み(弱み)

6章

企画をアピールする

4. KFS

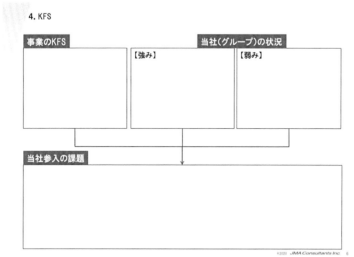

事業のKFS　　　　　　　　　　　　当社(グループ)の状況

【強み】

【弱み】

当社参入の課題

図6-18　ビジネスプランフォーマット

5. 事業イメージ

事業イメージ

事業目標

当社事業の特色・差別化ポイント

©2020 JMA Consultants Inc.　7

6. 狙うべき市場・顧客

市場	顧客	ニーズ	顧客の購買決定要因

©2020 JMA Consultants Inc.　8

7. ビジネスモデル

収益方法	

8. 事業展開シナリオ

3年後の事業イメージ

6年後の事業イメージ

6章
企画をアピールする

図6-18　ビジネスプランフォーマット

9. 参入方策と克服すべき課題

基本方策

部門別施策と課題

部門	施策	課題

©2020　*JMA Consultants Inc.*　11

10. 事業計画

◇販売計画　　　　　　　　　　　　　　　　　　　　　　　　　　　　　　　　（単位：千円）

製品内訳	20XX			20XX			20XX			20XX		
	数量	単価	金額	数量	単価	金額	数量	単価	金額	数量	単価	金額

◇損益計画　　　　　　　　　　　　　　　　　　　　　　　　　　　　　　　　（単位：千円）

項目	20XX	20XX	20XX	20XX
売上高				
売上原価				
人件費				
外注費				
その他売上原価				
売上総利益				
販売費及び一般管理費				
人件費				
減価償却費				
広告宣伝費				
その他販管費				
一般管理費				
営業利益				

©2020　*JMA Consultants Inc.*　12

236

11. 事業開発スケジュール

アクション	20XX年				20XX年	20XX年	20XX年
	1Q	2Q	3Q	4Q			

©2020 JMA Consultants Inc. 13

12. リスクとその対策

リスクの観点	不測事態(リスク)の想定	対応策

©2020 JMA Consultants Inc. 14

7章

技術マーケティングの実践例

　A社は繊維関連事業を長年営んでおり、独自技術からの派生によって新たな製品を生み出し、現在では衣料、建設、住宅、ライフサイエンスなど幅広い分野で製品展開を行っている。A社の研究所は、研究開発活動の中核組織として、全社視点で事業の拡大を目指すコーポレート研究所と、事業部門の製品開発を行うカンパニー研究所の両方の役割を担ってきた。

　研究所の組織は、コア技術を高める「基盤技術グループ」と、ビジネスにつながる製品開発を担う「応用開発グループ」で構成されている。基盤技術グループと応用開発グループは、それぞれ専門分野を越えた連携でプロジェクトチームを結成し、コア技術の複合化により新事業へ発展させるマネジメント体制を構築している。

　本章では、高機能複合材の事業化プロジェクトの取り組みについて話を進める。

Contents

1

高機能複合材プロジェクトの設立経緯

　A社の研究所では複数のプロジェクトチームが動いているが、高機能複合材以外のプロジェクトは最終製品に近く、マーケットが特定しやすいことから、ベンチャー型、パートナーとの連携など新事業のアプローチが明確であった。

　一方、高機能複合材は長年培ってきた素材ビジネスであり、新事業の経験はあったが、マーケティングに関する知見や手法が弱く、成功に導けていない状況であった。そこで高機能複合材プロジェクトはあらためてエンドユーザーの動向把握や用途を想定しつつ、マーケットを見つめ直すことが必要との認識に至った。

　そのため本プロジェクトは、単発での事業化を急ぐのではなく、現事業分析やマーケット分析をしっかりと行ったうえで、適切なメソッドにより事業の方向性を明らかにし、新事業の企画を行う方針とした。

　研究員には、事業部門の依頼体質から脱却し、新たな発想を促すことが求められた。応用開発グループの主任研究員がリーダーとなり、応用開発グループ、基盤技術グループから計4名のコアメンバー、および基盤技術のサブメンバーでプロジェクトを構成した。

　プロジェクトの実施に当たっては、新事業と言ってもいきなり飛び地を狙うのではなく、事業部のコア事業領域の関連市場で新技術

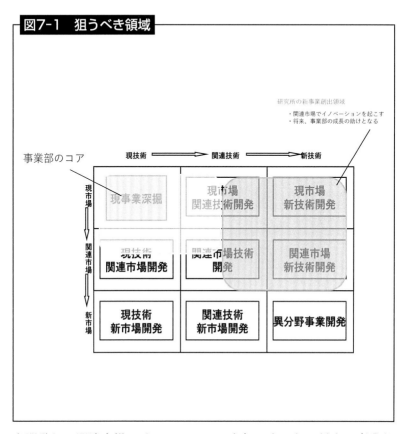

図7-1 狙うべき領域

研究所の新事業創出領域
・関連市場でイノベーションを起こす
・将来、事業部の成長の助けとなる

事業部のコア

現技術 → 関連技術 → 新技術

	現技術	関連技術	新技術
現市場	現事業深掘	現市場関連技術開発	現市場新技術開発
関連市場	現技術関連市場開発	関連市場技術開発	関連市場新技術開発
新市場	現技術新市場開発	関連技術新市場開発	異分野事業開発

を開発し、関連市場でイノベーションを起こすことで将来の事業部門の助けとなることを狙いとした（図7-1）。

　つまり、事業部の業容拡大を目指した新事業であり、自社の分析、既存および周辺のマーケット分析を徹底的に行い、素材事業のマーケティング・事業開発を実践していくこととした。

　プロジェクトは最初の半年を第1ステージとして取り組みテーマを決定、次の半年を第2ステージとしてビジネスプラン（新事業企画）を策定、そこで社内にアピールを行い、翌年を第3ステージとして新事業開発推進を実施する計画とした（図7-2）。

図7-2　プロジェクト計画

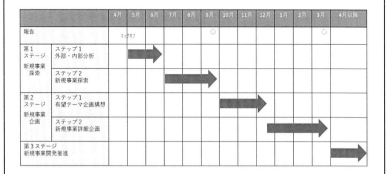

		4月	5月	6月	7月	8月	9月	10月	11月	12月	1月	2月	3月	4月以降
報告			キックオフ				○						○	
第1 ステージ 新規事業 探索	ステップ1 外部・内部分析													
	ステップ2 新規事業探索													
第2 ステージ 新規事業 企画	ステップ1 有望テーマ企画構想													
	ステップ2 新規事業詳細企画													
第3ステージ 新規事業開発推進														

第1ステージ
新事業の探索

　第1ステージは新事業のテーマ策定、つまり「何をやるか」を探すステージである。内部・外部環境を分析し、どのような分野でテーマ探索をしていくか、方針を決める。さらに複数のアプローチで具体的な有望テーマを導き出す。

ⅰⅲ ①技術の強みを知る

　プロジェクトでは各種の分析を行ったが、ここでは技術資源分析と競合分析を取り上げる。

　繊維をシート状にした補強用資材や建材、不織布など事業部門で長年取り扱っている製品を対象にした。技術資源分析では、それらの製品を縦軸に取り、要素技術を横軸に取ったマトリックスの中で、強み技術を抽出した。強み技術としては、繊維束の再編・再加工技術、繊維と樹脂を接合する技術などがあがった。

　また、競合との比較を行うと、競合に対しては長年の実績により優位性があった。基幹製品は顧客からの認知度が高く、機能・性能面の優位性はあるものの、いわば製品ブランドで売れている側面があり、技術として差別化がしにくいことがわかった。成長カテゴリーである衛生用品向け不織布などは、品質で海外メーカーより勝っているものの、コストが重視され安価な海外品と差別化がしに

くい状況がうかがえた。

📊 ②技術の使い道を決める

　顧客の要望を振り返る活動を「見過ごしニーズ発掘」と称して行った。基本的に既存顧客との接点は事業部門であるため、事業部門にヒアリングを行うことでこれまでの要望を振り返ることとした。

　市場別・製品別の担当課長複数名に対して、プロジェクトメンバーがヒアリングを実施。事業部門が認識している顧客のニーズや今後の課題を聞いたうえで、ユニークなニーズとして異業種からの問い合わせ、ちょっと変わった問い合わせ、忙しくて断った問い合わせ、対応できなかったニーズとして失敗した問い合わせ、断念した問い合わせを聞いていった（図7-3）。

　さらに今後調査していきたい市場領域や新事業アイデアなどを聞いて、事業部の期待や考えを知ることができた。

　ヒアリングの結果、不織布の新用途分野や建築・土木分野の事例が明らかになった。

　こうした分析により、どのような分野（製品分野、技術分野、市場分野）でビジネスチャンスがありそうか、図7-4のような区分で整理を行った。

　製品分野としては炭素繊維など機能性繊維分野、技術分野としては接着や加工による複合材料分野、市場分野としては社会インフラ、ヘルスケア、エレクトロニクス分野などが探索候補分野としてあげられた。

　次に、これらの分野に対して、どのようなテーマが考えられそう

図7-3　見過ごしニーズ発掘

まとめサンプル

	ビジネスのタネ			
○○業界				
△△業界				

事業部ヒアリング
●対象
・担当課長

●ヒアリング内容
・今後の顧客ニーズ
・今後の課題
・ユニークなニーズ
　ー異業種からの問い合わせ
　ーちょっと変わった問い合わせ

・対応できなかったニーズ
　ー忙しくて断った問い合わせ
　ー失敗した問い合わせ
　ー断念した問い合わせ
・今後調査していきたい市場領域

・新事業アイデア
・その他

図7-4　注目分野まとめ

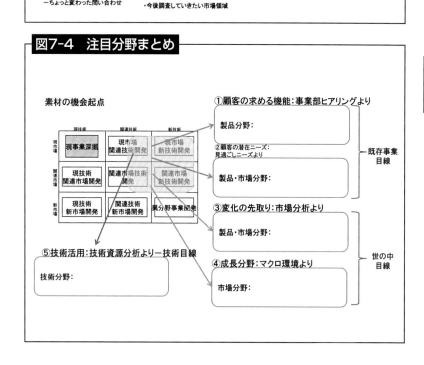

図7-5　ニーズの確認

材料に求められるニーズを想定する（自社シーズにこだわらず）

	土木分野の予知・モニタリング
施主	
建築物	
建材	
材料	

	健康・美容分野の高機能材
生活者	
商材	
材料	

か、2次情報（文献情報）、1.5次情報（社内ヒアリング、展示会、セミナー等）をベースに情報収集を行った。

　さらにSN変換による新用途発想を実施。アイデア発想では模造紙と付箋を使い、長机いっぱいに模造紙を広げてプロジェクトメンバー全員でディスカッションを行った。たとえば補強用資材は、繊維と他素材との接合という技術特性を有している。そこから広範囲の補強というニーズを設定し、斜面のがけ崩れ予知・防止といったアイデアが創出された。あるいは不織布に機能付与する技術特性から美容ニーズ、そこから高機能のフェイスマスクといったアイデアが発表された。こうしたアイデアに対して、ニーズが本当にありそうかを2次情報、1.5次情報で再度確認していった（図7-5）。

第2ステージ
新事業の企画

📊 ③技術の出口を作る

　第1ステージで、新事業の分野とテーマ案を複数定めた。第2ステージでは、詳細市場調査として市場動向、顧客動向を調査し、既存顧客のニーズが何かを明らかにした。

　それと並行して技術動向調査、特許調査を行うことで、代替技術の状況と先端技術の動向を把握した。自分たちの技術の進化方向を探るべく、ベンチャー企業の開発状況から技術革新の方向、技術開発競争の主題などを調べていった。また、自社技術の補完としてベンチャー企業と組むことも考えられる。ただし1件1件のベンチャーを探すのは非効率であるため、日本におけるベンチャー支援機関をリストアップし、各支援機関のURLから素材系ベンチャーを探していった。

　こうした調査を踏まえ、技術の出口として仮想カタログを作成した。

　テーマとして、強み技術である繊維を扱う技術やFRP（繊維強化プラスチック）の加工技術を活かし、CFRP（炭素繊維強化プラスチック）の薄いシートによる補強用資材を仮想カタログに示した。使用する炭素繊維は成形性に優れる熱可塑性であり、各種用途・各種素材に貼り合わせて強度アップできるのがセールスポイントである。

④企画をアピールする（対社内）

　第2ステージのアウトプットとして研究所長、事業部門向けにビジネスプランを作成し発表を行った。ビジネスプランのサマリーフォーマットを図7-6に示す。

　プレゼンでは、1年かけて体系的なプロセスに沿ってマーケティング活動を進めてきたこと、客観的情報に基づいて企画や評価を行ってきたこと、事業部門と情報交換を密にしながら事業部側の情報を入れた企画になっていることで高い評価を受けた。

　さらに企画テーマは事業部の今後の開発方向と共通性があり、新たな市場創出ができそうという期待感が持てるものであった。そして次のステージに移る合意を得ることができた。

図7-6　ビジネスプランサマリーフォーマット

1. 事業概要／エグゼクティブサマリー

背景・目的

市場・顧客

製品・機能・技術

販売方法

事業目標

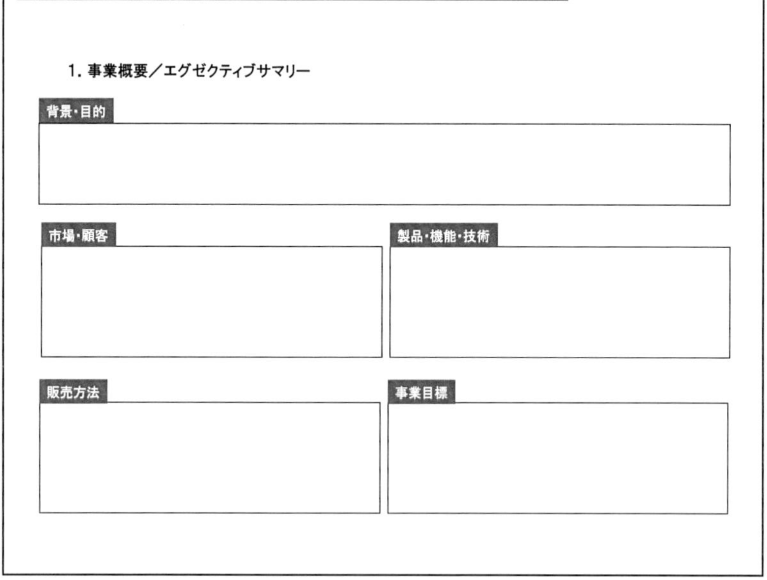

4

第3ステージ
新事業の開発推進

📊 ⑤企画をアピールする（対社外）

　第3ステージ前半は想定ユーザー（市場サイド）とパートナー候補（技術サイド）を訪問して、反応をもらいながら企画をブラッシュアップしていく段階である。

　第3ステージ後半は試作品を製作し想定ユーザーに提案を繰り返す段階で、1年後のアウトプットは顧客企業での試作である。素材のマーケティングではいくら自社で試作品を作っても、顧客企業側が関心を持って「自社で試作してみよう」という思いに至らないと進展しないためである（図7-7）。

　まずは、あらためて訪問先の選定である。「なぜ当社品が必要なのか？」「なぜ他社品では適さないのか？」、これまでのニーズ情報を深く考察し、メインターゲットを明確にした。

　訪問は技術サイドと市場サイド双方であるが、同じメンバーが双方を訪問することで技術課題と顧客ニーズがリンクできるよう心掛けた。市場サイドへの訪問準備として、想定ユーザーの製品に関する取り組みを特許や論文から把握し、仮想カタログを修正した。

　過去に相談のあったところや展示会訪問者から、アポイントをとれそうな企業を探し出していった。あわせて外部機関に仲介、紹介を依頼した。

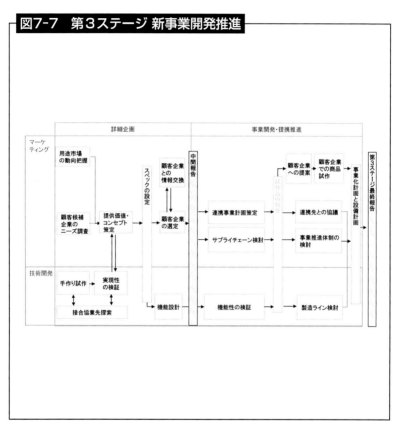

図7-7　第3ステージ 新事業開発推進

　技術サイドではパートナー候補に対して仮想カタログを利用し、課題となっていた接着に関しての実現可能性を聞いていった。

　初期の想定ユーザーやパートナー候補への訪問は10社以上になった。話を聞いていくといろいろとアイデアは広がるのだが、どうも決め手に欠ける。もう少し訪問を続けながらニーズ、特にエンドユーザーに近い人たちのニーズを聞くことで、どのニーズにターゲットを絞るべきかの議論を続けることとした。アクションは大日程計画を作って進捗がわかるようにした（図7-8）。

　新事業なので計画通りにいかないのは当然ではあるが、そうは

図7-8　大日程計画

大分類	項目	4	5	6	7	8	9
大日程	報告					中間	
マーケティング	ヒアリング調査（市場）	■	■	■			
	詳細企画（誰に、何を、どんなコンセプト）				■	■	
	サプライチェーン構築 協業先との協議、取り組み開始						■
	提携準備 客先での試作提案						
技術開発	ヒアリング調査（技術）	■	■				
	手作り試作（味見、お遊び） イメージサンプル	■					
	機能試作				■	■	
	機能検証						■
	製造先検討 量産検討						

いっても年間の目標は決められているので、月単位でやるべきことを明らかにし、月1~2回の進捗打ち合わせにより変更対応している。こうして半年にわたって訪問を繰り返し、結果としてターゲットとするニーズを2つに絞り込んだ。

　第3ステージの後半は試作品を作成し、事業開発・提携を進めていく段階である。

　活動を続けていく中で、パートナー候補の成形加工メーカーB社から、「当社の顧客であるセットメーカーに提案したいので、試作

に協力してほしい」という依頼があった。セットメーカーは、我々が想定しているニーズを「差別化コンセプトにしたい」ということで、それを実現できるサプライヤーを探しているとのこと。さっそくB社にサンプルを送り、成形加工してもらうことにした。

並行してB社と協業したときのビジネスモデルを検討した。A社としては加工まではビジネスとして視野に入れているが、成形設備を保有していないので、成形品は設備を持っているB社と組んだほうがメリットがあると判断した。

また、営業面において独自で成形品をセットメーカーに売り込むルートを有していないし経験もないため、B社と提携してB社のサプライチェーンに乗るのが適切でリスクが少ないと判断した。

社内でB社との提携ビジネスプランを報告し、「新しい市場が期待できる」という評価を得ることができた。

こうして1つの想定ユーザーへのアプローチは実現したが、新事業として持続的成長を目指していくには、さらにユーザーやパートナーを広げていく必要がある。高機能複合材プロジェクトは継続的にマーケティングを行うことをモットーに、現在もユーザーへの提案、加工（モノづくり）で協力していただける先の探索を進めている。

執筆者略歴

池田　裕一（いけだ　ひろかず）

1963 年名古屋市生まれ。1987 年名古屋市立大学経済学部卒業
企業の財務部門を経て、1990 年に（株）日本能率協会コンサルティングに入社。現在、
同社 R&D コンサルティング事業本部　技術戦略センター　シニア・コンサルタント。
メーカーやサービス業を対象とした新規開発テーマ設定、新製品・新事業探索、新製品・
新事業企画、新商品開発、新商品販売推進などのコンサルティング、研修、講演を行って
いる。
主な著書に『インキュベーションマネジメント』（海文堂出版）、『新製品・新事業の育て方』
（同友館）、『限界を突き破る戦略的事業連携 37 ステップ』（日刊工業新聞社）、『はじめて
の新事業開発マニュアル』（海文堂出版、共著）、『日本企業の BOP ビジネス』（日本能率
協会マネジメントセンター、共著）、『「新規事業・新用途開発」技法とテンプレート』（日
本能率協会総合研究所）。その他寄稿多数。

技術が市場につながる
開発者のためのマーケティング

2021年 7 月 6 日　初版発行
2024年 8 月 5 日　3 刷発行

著　者 ── 日本能率協会コンサルティング
　　　　　　池田裕一
発行者 ── 中島豊彦

発行所 ── 同文舘出版株式会社

　　　　　東京都千代田区神田神保町 1-41　〒 101-0051
　　　　　電話　営業 03（3294）1801　編集 03（3294）1802
　　　　　振替 00100-8-42935
　　　　　https://www.dobunkan.co.jp/

©JMA. Consultants. Inc　　　　　ISBN978-4-495-54091-3
印刷／製本：三美印刷　　　　　Printed in Japan 2021